ACCESO GRATIS *a la Lectura en la Nube*

Para visualizar el libro electrónico en la nube de lectura envíe junto a su nombre y apellidos una fotografía del código de barras situado en la contraportada del libro y otra del ticket de compra a la dirección:

ebooktirant@tirant.com

En un máximo de 72 horas laborales le enviaremos el código de acceso con sus instrucciones.

La visualización del libro en **NUBE DE LECTURA** excluye los usos bibliotecarios y públicos que puedan poner el archivo electrónico a disposición de una comunidad de lectores. Se permite tan solo un uso individual y privado

EL VETO PRESUPUESTARIO

Procedimiento de selección de originales, ver página web:
www.tirant.net/index.php/editorial/procedimiento-de-seleccion-de-originales

EL VETO PRESUPUESTARIO

JORGE MARTÍN LÓPEZ
Profesor Titular de Derecho Financiero y Tributario
Universidad de Alicante

Prólogo de María Teresa Soler Roch

tirant lo blanch
Valencia, 2024

En caso de erratas y actualizaciones, la Editorial Tirant lo Blanch publicará la pertinente corrección en la página web www.tirant.com.

Esta monografía se enmarca en el proyecto de investigación "La imposición de la riqueza en el siglo XXI ante la crisis de la desigualdad" (PID2022-137385NB-I00), concedido por el Ministerio de Ciencia e Innovación.

EDITA: TIRANT LO BLANCH
C/ Artes Gráficas, 14 - 46010 - Valencia
TELFS.: 96/361 00 48 - 50
FAX: 96/369 41 51
Email: tlb@tirant.com
www.tirant.com
Librería virtual: www.tirant.es
DEPÓSITO LEGAL: V-2403-2024
ISBN: 978-84-1056-772-6

A mi madre,
por tanto que resulta indescriptible

ÍNDICE

Capítulo Segundo
LOS ÚLTIMOS PRONUNCIAMIENTOS DEL TRIBUNAL CONSTITUCIONAL SOBRE EL VETO PRESUPUESTARIO

Capítulo Tercero
EL ALCANCE ACTUAL DEL VETO PRESUPUESTARIO A LA LUZ DE LA DOCTRINA DEL TRIBUNAL CONSTITUCIONAL

PRÓLOGO

Este prólogo a la monografía del profesor Jorge Martín López, es una ocasión más en la que, gracias a la amable invitación del autor, tengo la oportunidad de presentar una nueva aportación al estudio y acervo doctrinal del Derecho Financiero. Y digo bien en este caso, al utilizar la denominación de esta disciplina, que con ese nombre y lo que significa su contenido, se construyó en España por sus creadores y especialmente, como pionero, por el maestro Sainz de Bujanda, a cuya figura rendimos este mismo año homenaje en la Real Academia de Jurisprudencia y Legislación. En aquella primera etapa y en años posteriores, especialmente tras la aprobación de la Constitución en 1978, contribuyeron a la consolidación del Derecho Financiero, estudios y publicaciones relativos a distintas ramas de esta disciplina, entre ellas el Derecho Presupuestario. Sin embargo, no descubro nada nuevo, al constatar que el dominio casi absoluto del Derecho Tributario en el panorama bibliográfico ha supuesto, aun con excepciones notables, un abandono del estudio de otros aspectos igualmente importantes del Derecho Financiero.

La anterior no pretende ser una mera reflexión nostálgica, sino una llamada de atención en relación con el presente y también hacia el futuro, porque como ya he manifestado en alguna otra ocasión siguiendo a la mejor doctrina, no debemos olvidar que el gasto es el objetivo y el impuesto el instrumento; una idea que se deduce claramente del artículo 31.1 y 2 de nuestra Constitución y esa conexión gasto-ingreso que, en su día, contribuyó a forjar la denominada concepción unitaria del Derecho Financiero, se manifiesta anualmente en el Presupuesto, en el caso del Estado, configurado en el artículo 134 de la Constitución; otro instrumento que permite la realización del objetivo, el desarrollo de los programas de gasto y sin el cual, todo el sistema, también el tributario, carecería de sentido. El deber de contribuir se legitima por la financiación del gasto público y esta conexión constitucional entre el instrumento y el objetivo se hace posible en el Presupuesto.

Me disculparán los lectores por recordar algo que todos sabemos, pero que he querido invocar como pórtico que justifica una merecida bienvenida a esta monografía sobre "El veto presupuestario", que supone un paso en la buena dirección para superar el letargo en el que estaba sumido el estudio del Derecho Presupuestario. Además, tanto la elección del tema como el tratamiento dado al mismo por el autor, se insertan plenamente en su tiempo al venir provocados, precisamente, por el devenir en la interpretación de la figura objeto de estudio, como resultado de la doctrina del Tribunal Constitucional; aunque debo advertir, no obstante, que esta obra va más allá de un mero análisis o comentario de jurisprudencia constitucional. Por resumir su alcance en una idea, diría que se trata de una disección en profundidad del veto presupuestario que, en el plano metodológico, se inserta obviamente en el Derecho Financiero, en este caso, con las inevitables conexiones con el Derecho Constitucional y la normativa parlamentaria, sin olvidar una proyección indirecta del Derecho de la Unión Europea, por uno de los aspectos del tema, que también ha evolucionado con el tiempo, desde el tradicional principio de equilibrio, hasta el actual paradigma de estabilidad (incluidos los recientes cambios coyunturales) establecido por la normativa de la Unión.

En cuanto al contenido del análisis realizado por el autor en relación con el veto presupuestario, creo que merecen destacarse, al menos, tres aspectos: el ámbito normativo, la deriva de la doctrina del Tribunal Constitucional y en relación con ésta, especialmente el eje dogmático sobre el que el autor articula su reflexión de fondo respecto del estado actual de la cuestión.

En el aspecto normativo, se analiza desde su origen en el texto del proyecto, la norma contenida en el apartado 6 del artículo 134 de la Constitución, así como la regulación del tema en los Reglamentos de las Cámaras. El autor destaca, a mi juicio con acierto, la ambigüedad de esta norma —lo que considera "anomalías" del veto constitucional— que ha llevado al debate sobre su alcance en relación con el momento temporal de los Presupuestos, cuestión que ha sido asimismo objeto de interpretación por el Tribunal Constitucional. También merece reseñarse una aproximación al tema desde la perspectiva de los derechos de los parlamentarios. En cuanto al significado del veto en su propio terreno de juego, el de la relación entre Gobierno y Parlamento y que ha sido el centro de atención de la doctrina clásica sobre este tema, el autor comparte la tesis de Rodríguez Bereijo crítica con la teoría del "poder compartido" y proclive a entender el veto como un desequilibrio, refiriéndose a cómo el "falso equilibrio" del artículo 134.6 rompe el aparente reparto equilibrado a favor del Gobierno. También en el aspecto normativo, un valor añadido de esta obra, es el estudio de la regulación del veto presupuestario en la normativa de las Comunidades Autónomas y en las Haciendas locales. Al margen de su interés y utilidad, no es éste un tema menor si tenemos en cuenta que la correlación entre ingresos y gastos afecta al sector público en su conjunto, sobre todo en un sistema de vasos comunicantes en el que el Presupuesto del Estado es, en parte, un Presupuesto de transferencias a otros entes públicos y teniendo en cuenta que la estabilidad afecta a todo el sector.

La regulación del veto presupuestario en la normativa autonómica, nos lleva al segundo de los aspectos citados, que es el análisis jurisprudencial, ya que las primeras sentencias del Tri-

bunal Constitucional (2006), afectaron a la interpretación de esta normativa en dos Comunidades Autónomas (Extremadura y País Vasco). Una siguiente etapa (2018 a 2023), da paso al análisis del autor sobre la evolución de la doctrina del Tribunal Constitucional, en este caso respecto de los Presupuestos Generales del Estado, relativa a la interpretación del contenido y alcance del artículo 134.6 de la Constitución y con ello, a su posterior reflexión crítica sobre dicha evolución.

Esta reflexión enlaza con el tercer aspecto, que tiene a mi juicio especial interés, por reflejar una aportación genuina del autor al estudio del tema y tiene mucho que ver con la proyección del Derecho parlamentario a la que me he referido anteriormente. Utiliza en este caso el autor, una imagen muy oportuna y también frecuente y aplicable en otros ámbitos del Derecho Financiero, que es la del movimiento pendular; un movimiento provocado, en este caso, por la trayectoria de la jurisprudencia constitucional que, curiosamente, en un movimiento "retro", ha situado el significado y alcance del veto presupuestario en relación con un concepto inicial que parecía superado. El discurso del autor en este caso, se sitúa en el marco del camino recorrido desde el parlamentarismo clásico al racionalizado, concluyendo que, como resultado de dicha trayectoria y el efecto de una interpretación restrictiva del veto presupuestario por parte del Tribunal Constitucional, se ha recorrido el camino inverso, de vuelta a un concepto del veto anclado a su punto de origen en el parlamentarismo clásico.

La articulación lógica y coherente de estos aspectos, aunando con rigor el conocimiento y la reflexión crítica, algo que el autor ya ha demostrado en publicaciones previas sobre otros ámbitos del Derecho Financiero, hacen de esta monografía del profesor Martín López, sin duda una lectura de referencia sobre un tema que, más allá de su carácter específico, muestra la relevancia del veto presu-

puestario, como una pieza esencial sobre la que pivotan decisiones que afectan a las políticas de gastos e ingresos públicos. Decisiones que, más allá del juego político y competencial de las relaciones entre dos poderes del Estado, al proyectarse sobre dichas políticas, pueden incidir en el bienestar económico y social de los ciudadanos, tanto en su condición de contribuyentes, como de beneficiarios de los programas de gasto público, en este caso, del objetivo que da sentido al Presupuesto y a la propia Hacienda Pública.

Por todo ello y conociendo la calidad de la trayectoria investigadora del autor, no me queda sino felicitar al profesor Martín López por esta nueva publicación, y en este caso con especial énfasis, por la recuperación de un tema de Derecho Presupuestario, analizado con rigor y profundidad, desde su evolución y en su estado actual, que también puede proyectarse sobre un posible escenario futuro de la relación entre el gasto público y su financiación, nada más y nada menos que el núcleo esencial del Derecho Financiero.

MARÍA TERESA SOLER ROCH
Alicante, Mayo 2024

INTRODUCCIÓN

El objeto de la presente monografía es analizar el alcance jurídico del denominado veto presupuestario, recogido en el artículo 134.6 de la Carta Magna, a la luz de la actual doctrina del Tribunal Constitucional. Se busca, pues, realizar un examen sistemático de estos últimos pronunciamientos que permita determinar los distintos requisitos de orden material, temporal y formal que se exigen para el ejercicio de dicha facultad gubernamental, los cuales ponen de manifiesto una clara limitación de su ámbito de aplicación.

A tales efectos, se parte en el capítulo primero del régimen jurídico-positivo del veto presupuestario, en la esfera tanto estatal, como autonómica y local. Así, se abordará someramente el proceso de gestación del artículo 134.6 de la Constitución y, sobre todo, las dudas interpretativas que se derivan de su redacción final, en lo que respecta a la proyección del precepto al proyecto de ley de presupuestos. Ante la ambigüedad del precepto, los reglamentos de las Cámaras admitieron esa posibilidad, en una especie de autolimitación que el Tribunal Constitucional pareció avalar ya desde sus sentencias iniciales en materia presupuestaria. Por tanto, se reabre ahora el debate, tras los últimos pronunciamientos del máximo intérprete constitucional, de si el veto sigue teniendo cabida en la tramitación parlamentaria del proyecto de ley de presupuestos. O, dicho sin ambages, si los reglamentos del Congreso y del Senado contienen, en este punto, una regulación que pueda cercenar el *ius in officium* de los parlamentarios.

Al hilo de esta cuestión, se reflexiona acerca de la función del veto en los actuales sistemas parlamentarios, como ejemplo de las dificultades inherentes a la articulación de un modelo equilibrado de relaciones entre los poderes Legislativo y Ejecutivo. Por un lado, la facultad gubernamental prevista en el artículo 134.6 de la Carta Magna pretende asegurar las grandes cifras del presupuesto y, por ende, su ejecución gubernamental sin que la posterior iniciativa legislativa parlamentaria pueda acabar desdibujándola; se trata, en suma, de un mecanismo de garantía de la acción política del Gobierno que subyace al presupuesto. Pero, por otro lado, el ejercicio del veto presupuestario es susceptible de afectar a los derechos fundamentales de los representantes políticos reconocidos en el artículo 23.2 de la Constitución, al impedir la tramitación de proposiciones de ley o enmiendas, las cuales constituyen elementos integrantes de su contenido esencial.

También se estudia el veto presupuestario desde la óptica de la normativa autonómica. Aun cuando sólo algunas Comunidades Autónomas recogen expresamente tal institución en los Estatutos de Autonomía, su reconocimiento sí se produce de forma generalizada en los reglamentos de las correspondientes asambleas legislativas. Esta regulación autonómica es dispar, si bien se aprecia cómo algunas normas ya parecen alineadas, en cierto modo, con la nueva doctrina constitucional del veto, sobre todo en lo que atañe a su alcance temporal, al exigir su conexión directa con el presupuesto en vigor. Además, el régimen jurídico del veto presenta, en algunas Comunidades Autónomas, ciertas particularidades merecedoras de una atención específica, como la falta de previsión normativa en torno a su aplicabilidad en la fase de aprobación de los presupuestos o la respuesta ofrecida para resolver las discrepancias que puedan surgir sobre la concurrencia del presupuesto habilitante.

Asimismo, en el ámbito local se constata el silencio de la legislación general —tanto en la Ley de Bases del Régimen Local como en la Ley de Haciendas Locales— acerca del veto presupuestario, teniendo que descenderse a los reglamentos orgánicos corporativos para encontrar alguna alusión a esta figura. En concreto, su reconocimiento se produce en algunos municipios de gran población, atribuyéndose dicha facultad normalmente a la Junta de Gobierno Local.

Seguidamente, en el capítulo segundo se exponen con detalle los últimos pronunciamientos del Tribunal Constitucional sobre el veto presupuestario. A tales efectos, se distingue los que traen causa de la resolución de conflictos entre órganos constitucionales —concretamente, entre el Gobierno y la Mesa de la Cámara—, de aquellos derivados de recursos de amparo interpuestos por la posible vulneración del *ius in officium* de los parlamentarios, reconocido en el artículo 23 de la Carta Magna. Por tanto, se ha optado por una ordenación dual y cronológica de tales pronunciamientos, de la que puede colegirse la consolidación de la doctrina del Tribunal Constitucional sobre el veto, surgida a partir de su Sentencia 34/2018, de 12 de abril.

En efecto, el máximo intérprete de la Carta Magna ha delimitado el alcance material, temporal y formal de la figura, concluyendo a grandes rasgos que la disconformidad gubernamental tiene que venir acompañada de una motivación que demuestre la incidencia en el presupuesto vigente de la enmienda o proposición sobre la que aquélla recae. Es decir, el Tribunal Constitucional restringe el veto presupuestario a las medidas que supongan un aumento de los créditos o una disminución de los ingresos en relación con el presupuesto en curso. Conexión, a mayor abundamiento, que ha de ser real y efectiva, no meramente hipotética, debiendo el Gobierno justificar las concretas partidas presupuestarias afectadas mediante una motivación que deviene fiscalizable por la Mesa, en ejercicio de sus funciones de calificación.

La práctica totalidad de estos pronunciamientos del Tribunal Constitucional se sitúan en el plano estatal, al versar sobre vetos ejercidos por el Gobierno central frente a proposiciones de ley o enmiendas presentadas en el Congreso o en el Senado y emitirse como consecuencia de la resolución de conflictos de atribuciones entre el Ejecutivo y la Mesa de la Cámara, o bien de recursos de amparo interpuestos por parlamentarios nacionales. Ahora bien, cabe subrayar que la Sentencia 53/2021, de 15 de marzo, sí se refiere específicamente al veto en la esfera autonómica; en ella se ventila una demanda de amparo contra la inadmisión de una proposición de ley por la Mesa de la Asamblea Regional de Murcia, cuyo acuerdo acogía la oposición gubernamental a la iniciativa por su repercusión presupuestaria. Cierto es que el Tribunal Constitucional ya se había pronunciado en 2006 sobre el veto en este ámbito territorial, pero ahora proyecta expresamente al mismo su nueva doctrina sobre esta figura.

Resulta evidente que toda esta *litigiosidad* en torno al veto presupuestario es fruto de los importantes cambios acontecidos en los últimos años en el panorama político, caracterizado en el presente por la formación de Ejecutivos carentes de un apoyo parlamentario fuerte y consistente. Indudablemente, su posición queda más debilitada al no contar con el respaldo de amplias mayorías en las Cámaras, lo que se evidencia claramente a la hora de ejercer la facultad prevista en el artículo 134.6 de la Carta Magna, en los casos en que la Mesa acaba rechazando la oposición gubernamental a la tramitación de las enmiendas o proposiciones.

Además, la atomización parlamentaria y la judicialización de la vida política también han contribuido sobremanera a elevar la conflictividad relacionada con el veto presupuestario. Buena prueba de ello es que, en estos últimos tiempos, los miembros del Parlamento han acudido en amparo ante el Tribunal Constitucional en reiteradas ocasiones, denunciando la violación de su *ius in officium* en aquellos otros supuestos en los que la Mesa, en cambio, sí había aceptado el criterio del Gobierno.

No obstante, tal vez pueda ofrecerse una lectura positiva de este escenario —tan distinto al de hace unas décadas—, al haber propiciado la construcción de una doctrina constitucional sobre el veto presupuestario, inexistente hasta el momento. La cual debería servir para, a partir de la fijación de su alcance y límites, ofrecer una mayor seguridad jurídica en la interpretación y aplicación de dicha facultad gubernamental.

En el capítulo tercero se realiza una valoración crítica de la actual configuración del veto presupuestario elaborada por el Tribunal Constitucional, examinando su adecuación a la naturaleza de esta figura. Pues bien, en dicho análisis se pone de manifiesto cómo esta delimitación del alcance del artículo 134.6 de la Carta Magna presenta, en última instancia, algunos claroscuros merecedores de una reflexión más profunda.

De un lado, por lo que respecta a la rigurosa acotación del ámbito temporal del veto al presupuesto en curso, es cierto que con ello se reduce el riesgo de abuso en su utilización por parte del Ejecutivo, al impedirse que éste aduzca una simple e hipotética incidencia presupuestaria *a futuro* para oponerse a cualquier enmienda o proposición contraria a sus intereses. Pero esta solución también puede conducir a que el Legislativo trate de eludir sistemáticamente el veto gubernamental mediante el diferimiento de la entrada en vigor de la medida, dado que de este modo nunca afectaría al presupuesto corriente.

A fortiori, esta concepción restrictiva del veto obvia plenamente las importantes implicaciones que, hoy en día, presenta al principio de estabilidad presupuestaria. Quizás la interpretación dada por el Tribunal Constitucional se acomode fielmente al sentido originario del veto, en un contexto donde el ciclo presupuestario estaba diseñado en clave puramente nacional y regido por una estricta anualidad. Sin embargo, la importancia que en la actualidad tienen los objetivos de estabilidad y su relativa influencia en los presupuestos posteriores hacen cuestionarse, cuando menos, si el veto no podría operar en el escenario plurianual en que aquellos se insertan —abarcando los ejercicios cubiertos por el correspondiente acuerdo—, pese a las mayores dificultades de fiscalización que ello comportaría.

En todo caso, la circunscripción del veto al presupuesto en vigor que efectúa el Tribunal Constitucional, llevada al extremo, también plantearía el problema de su posible (in)aplicación frente a las enmiendas al propio proyecto de ley de presupuestos que implicaran un aumento de los créditos o una disminución de los ingresos. Porque si se niega que el Gobierno pueda oponerse a la tramitación de medidas que afecten a ejercicios futuros, ¿cómo admitir luego el ejercicio del veto en relación con un presupuesto todavía inexistente en términos jurídicos?

El Tribunal nada dice a este respecto, por lo que no parece ponerse en tela de juicio la constitucionalidad de las previsiones de los reglamentos parlamentarios que, a nivel tanto estatal como autonómico, sí contemplan esa posibilidad. No obstante, la improcedencia del veto en la fase de aprobación del presupuesto cohonestaría mejor con ese primigenio fundamento constitucional del veto. Si éste se erige en un mecanismo de defensa exclusiva de la ejecución por el Gobierno del presupuesto ya adoptado por el Parlamento —y, por ende, de la acción política subyacente al mismo—, entonces las enmiendas al proyecto de ley de presupuestos podrían quedar fuera de su radio de acción.

De otro lado, en cuanto a la motivación gubernamental del veto y su control por parte de la Mesa, habría que pensar si la posición mantenida en este punto por el Tribunal Constitucional no supone un excesivo estrechamiento de la discrecionalidad del Ejecutivo en el ejercicio de esta potestad y, correlativamente, una dilatación impropia de las funciones de calificación en las que se sustenta la fiscalización del órgano parlamentario.

En efecto, la determinación de la incidencia de la enmienda o proposición en el presupuesto en curso —auténtico presupuesto material del artículo 134.6 de la Constitución— parece ubicarse en un terreno más bien valorativo, implicando un cierto margen de apreciación que no resulta completamente objetivable. Por ello, surgen dudas acerca de si, ante una justificación razonable por el Ejecutivo de esa afectación presupuestaria, la Mesa seguiría legitimada para rechazar la disconformidad gubernamental. Expresado *a sensu contrario*, ¿no debería ceñirse el control de la Mesa tan sólo a los supuestos de arbitrariedad en el empleo del veto gubernamental? De lo contrario, ¿no se estarían invadiendo las competencias constitucionalmente atribuidas al Gobierno, mediante la validación de un control cameral casi más político que técnico-jurídico?

El estudio se cierra con un breve epílogo en el que, además de aventurar la continuidad de la doctrina del Tribunal Constitucional sobre el veto presupuestario, se apuesta por una (re)lectura de la misma acorde con el sentido último de esta figura en el actual marco jurídico-presupuestario.

Finalmente, no quisiéramos acabar esta introducción sin agradecer públicamente a la Profesora María Teresa Soler Roch que haya prologado y enriquecido esta obra con sus valiosos y sugerentes comentarios. Es un verdadero lujo contar, siempre, con su magisterio. Por ello, valgan estás líneas también para expresar mi más profundo agradecimiento por su apoyo incondicional a lo largo de toda mi trayectoria académica.

Capítulo Primero

EL RÉGIMEN JURÍDICO-POSITIVO DEL VETO PRESUPUESTARIO

1. EL ARTÍCULO 134.6 DE LA CONSTITUCIÓN: GÉNESIS Y RESULTADO

La construcción del artículo 134.6 de la Carta Magna estuvo sujeto, en el proceso constituyente, a una serie de vicisitudes que desembocaron en una redacción final bastante confusa e, incluso, alejada de la *ratio* o espíritu iniciales. No vamos a detenernos ahora en un examen pormenorizado de los debates y del *iter* parlamentario que llevaron a la actual dicción del precepto[1]. Baste con recordar que, en sus orígenes, el veto presupuestario se recogía, entre otras previsiones, en el artículo 124.5 del anteproyecto de Constitución, en los siguientes términos: "Aprobados los Presupuestos Generales del Estado, únicamente el Gobierno podrá presentar proyectos de Ley que impliquen aumento del gasto público o disminución

---

1 Sobre ello, entre muchos otros, véase Escribano, F.: "Acerca del régimen jurídico constitucional de las proposiciones de ley que impliquen aumento de gasto o disminución de ingresos presupuestados (Un comentario a las SSTC 34/2018 y 44/2018)", *Revista Española de Derecho Financiero*, nº 180, 2018, pp. 166 y ss.; y Pérez Jiménez, P. J.: "Las limitaciones a la iniciativa legislativa financiera en la Constitución española", *Revista de Derecho Político*, nº 9, 1981, pp. 114 y ss.

de ingresos, y toda proposición o enmienda que entrañe aumento de gastos o disminución de ingresos requerirá la conformidad del Gobierno para su tramitación".

No obstante, tras su paso por el Congreso y el Senado en la tramitación parlamentaria de la Constitución, su estructura —y, como consecuencia, su texto— sufrió diversos cambios. Así, en el período de enmiendas en el Congreso se aceptó que el aumento del gasto o la disminución de ingresos se refirieran al presupuesto vigente. Realmente, la enmienda pretendía que esta exigencia se predicase de la iniciativa legislativa parlamentaria con repercusión presupuestaria, pero su conjunción con otra enmienda *in voce*, en la que acabó insertándose aquélla, hizo que se vinculase al cabo con los proyectos presentados por el propio Gobierno: "Aprobados los Presupuestos Generales del Estado, el Gobierno podrá presentar proyectos de Ley que impliquen aumento del gasto público o disminución de los ingresos correspondientes al mismo ejercicio presupuestario. Toda proposición o enmienda que suponga aumento de los créditos o disminución de los ingresos presupuestarios requerirá la conformidad del Gobierno para su tramitación".

Esta primera modificación del precepto constituye, quizás, el germen de la problemática en torno a la aplicabilidad del veto en el momento de la aprobación de los presupuestos, lo que en ningún caso fue la pretensión original de la enmienda. Y ello porque con dicha redacción pareciera que su inciso inicial —"[a]probados los Presupuestos Generales del Estado,..."— se circunscribiese a la presentación por el Gobierno de proyectos con efectos presupuestarios, sin alcanzar a la potestad de veto para las proposiciones o enmiendas que también tuvieran dicha incidencia. Desde una estricta interpretación literal —que no histórica, ni teleológica— del artículo enmendado, podría quedar expedita la posibilidad de que esa conformidad gubernamental también se extrapolase a la propia tramitación presupuestaria e, incluso, a ejercicios futuros.

A todo esto se une la sustitución, casi inadvertida y sin causa aparente, del término "presupuestados" —propuesto inicialmente en la defensa de la enmienda *in voce*— por el de "presupuestarios", el cual figura en la versión publicada oficialmente. Lo que redunda en ese apartamiento de la intención primigenia de que las limitaciones a la iniciativa legislativa parlamentaria rigiesen, exclusivamente, en relación con el presupuesto ya aprobado, en esa concepción clásica de asegurar el mantenimiento de su equilibrio global[2].

---

2 Para Escribano, "[d]e la defensa de la enmienda *in voce* se deduce que el texto proponía que se hiciera referencia a aumento de créditos o disminución de ingresos *presupuestados*. Esta expresión recogía magníficamente la idea de inmodificabilidad, sin conformidad del Gobierno, del plan previamente aprobado durante la vigencia del mismo (...). De este texto se extraía, sin ningún tipo de dudas, el ámbito temporal y el sentido de la conformidad del Gobierno. Y lo subrayamos porque esa expresión que, como acabamos de ver significaba el centro de gravedad de la cuestión, no aparece después en el texto reproducido en el *Boletín Oficial de las Cortes* número 121 como Dictamen de la Comisión. En dicho texto, se ha sustituido por la expresión *presupuestarios*. Sutil modificación, no acusada por nadie a lo largo del trayecto constitucional, que ha pasado al texto definitivo sin que aparezcan en ningún lugar las causas de la misma; sin que sea de rechazo

En cualquier caso, con esta redacción y una nueva numeración, el entonces artículo 128 pasó al Senado, donde también fue objeto de enmiendas, una de las cuales se convertiría en trascendental en la configuración final —y tal vez también en el laberinto interpretativo— del veto presupuestario. Esta enmienda proponía la división de su apartado quinto en dos números distintos, ahondando en esa separación de las previsiones que inicialmente aunaba el precepto: por un lado, ubicaba la conformidad del Gobierno a las iniciativas parlamentarias con trascendencia presupuestaria en el apartado segundo, después del que establecía la competencia de aquél para la elaboración de los Presupuestos Generales del Estado y de las Cortes para su examen, enmienda y aprobación, abonando la idea de que las restricciones a las enmiendas fueran predicables

la posibilidad de un error de transcripción (...). Al menos debería ser tenido en cuenta para la correcta interpretación del precepto; en evitación, en suma, de los abusos en la limitación de la iniciativa presupuestaria a que puede dar lugar y, de hecho ha dado ya, por parte del Gobierno (...). [S]i se habla de gastos e ingresos presupuestados, no cabe decir que esa limitación de las enmiendas se entienda también vigente de cara al momento de la aprobación de los presupuestos, porque, en último caso, esos gastos e ingresos no están presupuestados; amén de que cae por su base el fundamento atribuido a esta limitación. No cabría hablar de respeto al Gobierno en la dirección económica del presupuesto aprobado, porque aún no se ha producido esa intervención del Parlamento que supone la configuración de un acto, expresión conjunta de funciones divergentes, desarrollo de un acuerdo general adoptado por el Gobierno y Cortes, manifestación de un ejercicio condomial del poder" (Escribano, F.: "Acerca del régimen jurídico constitucional...", op. cit., pp. 169 y 170).

de la propia ley de presupuestos; por otro lado, se trasladaba al apartado sexto la posibilidad de que el Gobierno pudiera presentar proyectos de ley que aumentasen el gasto público o disminuyesen los ingresos correspondientes al mismo ejercicio presupuestario, una vez aprobados los Presupuestos Generales del Estado.

Dicha segregación se mantuvo, si bien en apartados correlativos —quinto y sexto— en la versión finalmente aprobada, por lo que no terminó materializándose esa alteración en la localización del veto presupuestario. Aun así, la simple división del precepto original en dos, junto al hecho de que la alusión a los presupuestos aprobados no figure en el numeral correspondiente al veto, permitiría entender su aplicabilidad, desde una óptica extensiva, en relación con la presentación de enmiendas al proyecto de ley de presupuestos.

Así es como, a grandes rasgos, se llegó al definitivo apartado sexto del artículo 134 de la Constitución, el cual reza lo siguiente: "Toda proposición o enmienda que suponga aumento de los créditos o disminución de los ingresos presupuestarios requerirá la conformidad del Gobierno para su tramitación". El precepto, tal como quedó redactado, admite una doble lectura: por una parte, la génesis de esta previsión constitucional, así como su finalidad originaria, parecen justificar la circunscripción del veto gubernamental a iniciativas parlamentarias con repercusión en el presupuesto ya aprobado; por otra parte, la literalidad del artículo abre la puerta a trasladar tales limitaciones a la fase de tramitación legislativa de los propios presupuestos, tal como finalmente hicieron los reglamentos de las Cámaras.

2. EL DESARROLLO NORMATIVO DEL VETO PRESUPUESTARIO EN LOS REGLAMENTOS DEL CONGRESO Y DEL SENADO

2.1. Regulación positiva

En desarrollo del artículo 134.6 de la Constitución, los reglamentos del Congreso y del Senado establecieron sus respectivas regulaciones de las restricciones a las iniciativas parlamentarias con trascendencia presupuestaria, extendiéndolas también a la presentación de enmiendas a la Ley de Presupuestos Generales del Estado. Esto último se ha entendido por parte de la doctrina científica como una auténtica autolimitación de las Cámaras, al no venir derivada expresamente de la Carta Magna[3].

---

3 Para Recoder de Casso, "esta limitación de la iniciativa parlamentaria resulta directamente de los reglamentos de las Cámaras y, por consiguiente, de una autolimitación de estas últimas, a la que no vienen obligadas por la Constitución. En ésta, en efecto, se dice lisa y llanamente que a las Cortes Generales corresponde la enmienda de los Presupuestos Generales del Estado, y no se le pone a ese poder cortapisa alguna" (Recoder de Casso, E.: "El debate parlamentario de los Presupuestos Generales del Estado", *Revista de Derecho Político,* nº 4, 1979, p. 118). Según Martínez Lago, "[l]o que no establece la Constitución es un condicionamiento del derecho de enmienda del proyecto de Ley de Presupuestos, aun cuando este sea el resultado —representativo de una verdadera autolimitación parlamentaria (...)— al que se ha llegado por los Reglamentos del Congreso y del Senado, trasladándose también a los procedimientos presupuestarios autonómicos y locales (Martínez Lago, M. A. "Notas sobre el veto presupuestario en las relaciones Gobierno-Parlamento", *El Cronista del Estado Social y Democrático de Derecho,* nº 21, 2011, p. 57).

De este modo, el Reglamento del Congreso prevé la conformidad gubernamental para la tramitación de proposiciones de ley y de enmiendas a proyectos de ley —incluido el de presupuestos— con repercusión en los ingresos o gastos. En primer lugar, el artículo 111.1 establece que "[l]as enmiendas a un proyecto de ley que supongan aumento de los créditos o disminución de los ingresos presupuestarios requerirán la conformidad del Gobierno para su tramitación". A tales efectos, los apartados segundo y tercero disponen que deberán remitirse al Gobierno las enmiendas que, a juicio de la Ponencia encargada de redactar el informe, puedan tener esa incidencia presupuestaria, habiendo aquél de responder razonadamente en el plazo de quince días; en caso de silencio se entiende la conformidad con la enmienda presentada. Por último, el artículo 111.4 habilita al Gobierno para manifestar su disconformidad en cualquier momento de la tramitación, en caso de no haber sido consultado en forma.

En segundo lugar, en cuanto a las proposiciones de ley, el artículo 126.2 prevé que, una vez ejercitada la iniciativa legislativa, la Mesa del Congreso ordene su publicación y remisión al Gobierno para que manifieste su criterio respecto a la toma en consideración, "así como su conformidad o no a la tramitación si implicara aumento de los créditos o disminución de los ingresos presupuestarios". No obstante, su apartado tercero preceptúa que, transcurridos treinta días sin que el Gobierno hubiese expresado su disconformidad, la proposición de ley quedará en condiciones de ser incluida en el orden del día del Pleno para su toma en consideración.

Finalmente, el artículo 133.4 establece que "[l]as enmiendas al proyecto de Ley de Presupuestos que supongan minoración de ingresos requerirán la conformidad del Gobierno para su tramitación". En cambio, anteriormente en su apartado tercero dispone que cuando tales enmiendas impliquen aumento de créditos en algún concepto, podrán ser admitidas a trámite si proponen una baja de igual cuantía en la misma sección, además de cumplir con los requisitos generales.

En idéntico sentido se expresa el artículo 149.2 del Reglamento del Senado, contemplando la misma técnica de las enmiendas compensatorias cuando se proponga aumentar el crédito recogido en el proyecto de Ley de Presupuestos. Igualmente, el reglamento de la Cámara Alta impone, en los apartados segundo y tercero de su artículo 151, la necesidad de que toda proposición de ley o enmienda, respectivamente, sea remitida de inmediato al Gobierno para que pueda manifestar su disconformidad si, en su opinión, supusiese un aumento de los créditos o una disminución de los ingresos presupuestarios; a tales efectos, se disponen diferentes plazos en función de la clase de iniciativa y procedimiento legislativo, operando una suerte de silencio positivo y requiriéndose que, en caso de disconformidad, ésta venga motivada.

Pues bien, son varias las cuestiones que, desde su origen, ha suscitado esta regulación reglamentaria de las Cámaras. De un lado, la proyección de las limitaciones del derecho de enmienda al propio proyecto de ley de presupuestos, lo que obliga a reflexionar tanto sobre el fundamento último del veto, como en relación con el *ius in officium* de los parlamentarios. Además, en este punto también habría que preguntarse si cuando los reglamentos obligan a formular enmiendas constructivas que enjuguen el aumento de crédito propuesto, están excluyendo la necesidad de que el Gobierno preste su conformidad a las mismas.

De otro lado, también cabría abordar, a nivel procedimental, las relaciones entre el Gobierno y la respectiva Cámara, sobre todo en lo que respecta a la determinación de la incidencia presupuestaria de las proposiciones de ley y de las enmiendas, así como también los cauces jurídicos existentes tanto para la resolución de las posibles controversias entre órganos constitucionales derivadas del ejercicio del veto presupuestario, como para la salvaguardia del *ius in officium* de los miembros de las Cámaras.

2.2. *La autolimitación de las Cámaras en la aplicación del veto a las enmiendas al proyecto de ley de presupuestos*

De este régimen reglamentario del veto se desprende la voluntad de las Cámaras de permitir su aplicación, no sólo frente a las proposiciones de ley y enmiendas con repercusión presupuestaria, sino también en el ámbito de la tramitación del presupuesto. Ello parece constituir, tal como se ha apuntado, una autolimitación de su iniciativa legislativa, al no venir explícitamente impuesta en términos constitucionales[4]. Por tanto, la conformidad guber-

---

4 A juicio de Martínez Lago, "[r]esulta probablemente inconstitucional (...) el hecho de que la restricción de las facultades de iniciativa que conlleva, junto a otras técnicas, el instituto de la con-

namental a las enmiendas presentadas a los propios presupuestos tiene como base jurídica los reglamentos del Congreso y del Senado, pero no la Constitución, al menos de forma expresa.

Pues bien, desde sus primeros pronunciamientos en materia presupuestaria el Tribunal Constitucional pareció avalar la posibilidad de extender el veto a las enmiendas al proyecto de ley de presupuestos. Ya en su Sentencia 27/1981, de 20 de julio, se afirmaba que la singularidad de esta ley venía impuesta, además de por el carácter instrumental del presupuesto en relación con la política económica, "por el hecho de que su debate está, de alguna manera, restringido por las disposiciones reglamentarias de las Cámaras que regulan su procedimiento". Añadiendo, en lo que a esta sede interesa, que aunque tales limitaciones no deriven de la Constitución, el requisito de la conformidad del Gobierno para toda proposición o en-

---

formidad presupuestaria del Gobierno se aplique cuando aún no hay Presupuesto aprobado, por estar tramitándose éste ante las Cámaras. Es decir, en el procedimiento que siguen las Cortes Generales para la aprobación de los Presupuestos Generales del Estado, así como en los trámites seguidos para idéntico fin en los Parlamentos de Comunidades Autónomas, el Legislador debería ser enteramente libre, pudiendo enmendar a su antojo el plan financiero gubernamental, pues las propuestas se refieren a un Presupuesto futuro, el del próximo ejercicio, pero no el que está rigiendo ya la última etapa del año en curso" (Martínez Lago, M. A. "Las restricciones de los Debates Parlamentarios sobre Presupuestos. Nueva aproximación al tema tras las Sentencias del Tribunal Constitucional 223 y 242/2006, de 6 y 24 de julio", *Asamblea: Revista parlamentaria de la Asamblea de Madrid*, nº 15, 2006, p. 6).

mienda que suponga aumento de gastos o disminución de ingresos afecta a cualquier ley y "envuelve, en este caso, una restricción constitucional del debate"[5]. Más adelante, el Tribunal volvería a anclar en el artículo 134.6 de la Constitución esa proyección del veto a las enmiendas al presupuesto, como por ejemplo en su Sentencia 65/1987, de 21 de mayo[6].

Con carácter general, la extrapolación del veto a las enmiendas al proyecto de ley de presupuestos, realizada por los reglamentos parlamentarios y permitida por el Tribunal Constitucional, encontraría un primer escollo en la configuración primigenia de esta figura en el anteproyecto de la Carta Magna. Recuérdese que, en su génesis, la conformidad gubernamental se predicaba de aquellas iniciativas parlamentarias que tuvieran lugar una vez aprobados los presupuestos, lo que conllevaría, como correlato lógico, la exclusión de su aplicación a las enmiendas presentadas al propio presupuesto[7]. Sin embargo, la re-

---

5 Fundamento Jurídico segundo (ECLI:ES:TC:1981:27). Para Martínez Lago, "[l]o lógico habría sido declarar la ausencia de limitaciones cuando se debate la Ley de Presupuestos, justo porque esa situación no se ha previsto constitucionalmente y porque la conformidad gubernamental afecta a cualquier ley distinta de la que cada año contiene el plan de ingresos y gastos del Estado. Pero el Tribunal atrajo a su argumentación, elevándolas a categoría constitucional, las restricciones que fijaban los reglamentos provisionales de las Cámaras, que eran anteriores a la propia Constitución" (Martínez Lago, M. A. "Notas sobre el veto presupuestario...", op. cit., p. 61).

6 Fundamento Jurídico cuarto (ECLI:ES:TC:1987:65).

7 En palabras de Escribano, "[e]n sede de aprobación de Presupuestos, la Constitución no condicionó el derecho de enmienda

dacción finalmente resultante de la tramitación parlamentaria de la Constitución, formalmente desligada de esa alusión al presupuesto ya adoptado, abrió la puerta a esa interpretación extensiva del veto que habilita su ejercicio en el procedimiento legislativo presupuestario. La cuestión es si esta exégesis se adecúa fielmente, o no, al fundamento y finalidad últimos del veto presupuestario.

Para ello, hay que partir de la consabida definición del presupuesto como vehículo de dirección y orientación de la política económica del Gobierno[8], esto es, como expresión del programa e instrumento de toda la acción del Ejecutivo[9]. La elaboración del presupuesto constituye, pues, una manifestación de las competencias atribuidas al Gobierno por el artículo 97 de la Constitución, al fijarse en aquél las líneas maestras de su política general.

Ahora bien, esa hoja de ruta gubernamental ha de ser validada por el Parlamento a través del examen, enmien-

---

ni limitó el alcance del examen. Serán competencias de las Cámaras que se presentan incondicionadas e ilimitadas. Fue el Reglamento del Congreso y el Senado quien trasladó los requisitos y condiciones de las modificaciones presupuestarias al momento de la aprobación. El debate de lo que originariamente era párrafo único, posteriormente dividido en dos, es absolutamente clarificador (Escribano, F.: “La disciplina constitucional de los Presupuestos Generales del Estado y su aplicación en el ámbito de las Comunidades Autónomas”, *Auditoría Pública: Revista de los Órganos Autónomos de Control Externo*, nº 45, 2008, p. 80).

8 Sentencia del Tribunal Constitucional 27/1981, de 20 de julio, Fundamento Jurídico segundo (ECLI:ES:TC:1981:27).

9 Sentencia del Tribunal Constitucional 34/2018, de 17 de septiembre, Fundamento Jurídico quinto (ECLI:ES:TC:2018:94).

da y aprobación de los presupuestos, *ex* artículo 134.1. Así, en ese ejercicio conjunto de la potestad presupuestaria dispuesto por la Carta Magna, al Ejecutivo le corresponde el diseño y cifrado de la acción política, a través de la elaboración del presupuesto, pero se atribuye al Legislativo su adopción última, mediante ley[10].

Siendo esta la configuración constitucional del reparto orgánico del poder presupuestario, el interrogante que aquí emerge se reconduce a si la facultad de enmienda reconocida al Parlamento está sujeta al requisito de la

---

10 En este sentido, Escribano concibe el presupuesto como expresión de un ejercicio condomial del poder por parte del Gobierno y el Parlamento. Así, la función legislativa "supone la manifestación condomial del poder atribuido al Ejecutivo y al Legislativo, quienes la desarrollan mediante una disciplina propia, específica, con carácter exclusivo y excluyente. El Presupuesto es el corolario del ejercicio de la función de gobernar —del Ejecutivo— y de la función de controlar esa función de gobierno, de prestarle su anuencia, que es de la Cámara y que adquiere por ello perfiles personalísimos: la función de aprobar los Presupuestos" (Escribano, F.: "La disciplina constitucional...", *op. cit.*, p. 54). Igualmente, señala Martínez Lago que "[l]a aprobación de los Presupuestos representa un acto compartido del Gobierno y el Parlamento, donde se debe plasmar el ejercicio de la función de dirección y orientación de la política económica que corresponde al primero, así como el cumplimiento de los objetivos que contribuirían a la centralidad de las Cámaras al asegurar el control democrático de la actividad financiera pública, participar de la actividad de dirección política y controlar la asignación de los recursos públicos" (Martínez Lago, M. A.: "Los presupuestos para 2016 aprobados en el tiempo de descuento de la X Legislatura ¿Un fraude a la Constitución?", *Revista Española de Derecho Financiero*, nº 168, 2015, p. 46).

conformidad gubernamental cuando implique la alteración del estado de ingresos y gastos del presupuesto. En definitiva, la cuestión es si el Legislativo puede participar activamente en el proyecto político del Gobierno que representa el presupuesto, mediante la enmienda unilateral al mismo.

Ello exige preguntarse, en puridad, por el sentido del veto y si éste sirve para proteger el programa del Gobierno incluso antes de ser aprobado por las Cámaras o, en cambio, sólo tras su adopción parlamentaria. Dicho de otro modo, se trata de dilucidar si la conformidad gubernamental a las enmiendas que supongan un aumento de créditos o una disminución de ingresos está pensada para salvaguardar únicamente la ejecución del presupuesto en vigor o, por el contrario, también la esencia del proyecto de ley pergeñado por el Ejecutivo.

2.2.1. Parlamentarismo clásico *versus* racionalizado

En líneas generales, una concepción clásica del poder presupuestario, desde la óptica del parlamentarismo tradicional, respaldaría la primera opción. En ese reparto teórico e ideal de la función presupuestaria, los roles aparecen nítidamente determinados: el Gobierno prepara y ejecuta el presupuesto, mientras que el Parlamento lo aprueba y controla.

Pues bien, entre las competencias de las Cámaras en materia presupuestaria también se encontraría la de enmendar el proyecto formulado por el Ejecutivo, sin que éste pudiera ejercer el veto previsto en el artículo 134.6 de la Constitución[11]. Lo que implica, al cabo, que aun cuando al Gobierno se le confiera la dirección de la política económica, expresada en el presupuesto, el Parlamento también intervendría en su fijación, dada la posibilidad de enmendar libremente el proyecto de ley[12]. De manera que el presupuesto finalmente adoptado sería el fruto de un ejercicio conjunto del poder presupuestario, sin que esa posible enmienda a los presupuestos suponga un cercenamiento de las competencias del Ejecutivo ni, por ende, una extralimitación por parte del Legislativo.

Dicho de otro modo, el presupuesto deviene el resultado de la co-actuación de las potestades gubernamental y legislativa, para su elaboración y aprobación, respectivamente. Además, ésta última no puede desligarse, por su propia naturaleza, del derecho de enmienda de los par-

---

11 Para Escribano, el examen, enmienda y aprobación por las Cámaras del proyecto de ley de presupuestos presentado por el Gobierno no están constitucionalmente condicionados en forma alguna (Escribano, F.: "Los límites gubernamentales al ejercicio de la competencia legislativa por las Cortes: un supuesto de extralimitación del ejercicio de la competencia gubernamental", *Revista Española de Derecho Financiero*, nº 173, 2017, p. 22).

12 En esta línea, Martínez Lago asevera que "[l]os Presupuestos, concebidos como acto de directriz política y como acto de control, presuponen la coparticipación del Legislativo en las elecciones plasmadas en aquéllos por obra del Gobierno. No puede haber compromiso político del Parlamento en la orientación de la política económica si no se implica al mismo al aprobar el Plan que proponga el Ejecutivo, pues los Presupuestos traducen de manera cifrada el programa político y económico del Gobierno" (Martínez Lago, M. A.: "Los presupuestos para 2016…", op. cit., p. 47).

lamentarios, susceptible de afectar también a las cifras de ingresos y gastos. La participación de las Cámaras en el procedimiento legislativo presupuestario no puede relegarse a una mera convalidación en bloque de la propuesta del Ejecutivo, so pena de vaciar de contenido sus competencias en esta materia[13]. Que al Gobierno se le asigne constitucionalmente la preparación de los presupuestos no excluye, de plano, que el Parlamento pueda modificarlos antes de su aprobación. Al revés, la facultad de enmienda forma parte del núcleo indisponible de la potestad presupuestaria de las Cámaras.

Esta defensa de la posibilidad de enmienda sin sujeción a la conformidad del Gobierno no parece vulnerar sus competencias constitucionales de acción política. De una lectura combinada de los artículos 97 y 134.1 de la Carta Magna se desprende que la dirección de la política económica se traduce en la elaboración y ejecución del presupuesto, pero sin que pueda derivarse un monopolio absoluto con respecto al mismo. Cierto es que el documento presupuestario es la expresión cifrada del programa gubernamental, pero ello no obsta a que el Parlamento in-

---

[13] Según Martínez Lago, "si las diferentes opciones no pueden expresarse sin limitaciones durante el debate presupuestario, o se sujeta a importantes condicionantes el ejercicio del derecho de enmienda o la evaluación y control de la ejecución del plan de ingresos y gastos, el Presupuesto sólo servirá entonces para legitimar formalmente las decisiones financieras del Gobierno. El cumplimiento de la formalidad impuesta apenas ofrecerá una utilidad simbólica y ritual del proceso presupuestario" (Martínez Lago, M. A. "Notas sobre el veto presupuestario…", op. cit., p. 57).

tervenga en su conformación mediante la presentación de enmiendas de forma autónoma, perfeccionando la propuesta inicialmente formulada por el Ejecutivo. Es más, ese ejercicio conjunto del poder presupuestario requiere, en la búsqueda del equilibrio entre el Gobierno y las Cámaras[14], que éstas puedan modificar los ingresos y gastos sin que sea imprescindible para ello la anuencia de aquél. Lo contrario llevaría a un aherrojamiento de la capacidad de enmienda del Parlamento incompatible con sus competencias presupuestarias, en concreto, con la relativa a la aprobación de la correspondiente ley.

A fortiori, la inclusión de esas enmiendas sin la conformidad gubernamental no tendría por qué suponer que el presupuesto dejase de ser el vehículo de dirección política del Ejecutivo. El hecho de que diste en parte del inicialmente proyectado por el Gobierno no le sustrae de ese carácter, al menos en términos jurídicos[15]. Y, si la versión final se apartase tanto de la original que, a su juicio, le impidiese llevar a cabo su acción política, tendría que acudir

---

14 De acuerdo con Escribano, el presupuesto representaría "la quintaesencia del equilibrio de poderes que constituye uno de los hilos conductores de la interpretación de nuestro texto constitucional en cuanto Gobierno y Cámaras participan inexorablemente en la toma de decisiones respecto del plan financiero del Estado para el ejercicio económico" (Escribano, F.: "La disciplina constitucional…", *op. cit.*, p. 50).

15 Trayendo a colación las palabras de Martínez Lago, los presupuestos reflejan "una opción política tan legítima como las que discrepan de esa orientación y deben participar en el examen, enmienda y aprobación, dando sentido a la función política de las Cámaras en relación con el acto de Presupuestos" (Martínez Lago, M. A.: "Los presupuestos para 2016…", op. cit., p. 47).

a otros cauces constitucionales, como la disolución de las Cámaras. *Mutatis mutandis,* sería tanto como interpretar que el Parlamento no ha otorgado su confianza al Gobierno, dada la envergadura de los cambios en el presupuesto derivados de las enmiendas.

Sin embargo, si el veto presupuestario se inserta en el denominado parlamentarismo racionalizado, su significado puede ser muy diferente[16]. De hecho, éste parece cambiar diametralmente, al deslizar una preponderancia del Ejecutivo sobre el Legislativo que, a estos efectos, le permitiría paralizar aquellas enmiendas que, según su criterio, trastocasen cuantitativamente su proyecto de presupuestos.

A grandes rasgos, este tipo de parlamentarismo pretende una mayor eficacia y funcionalidad de la vida política. Llevado al extremo, el control de las Cámaras al Gobierno —y, más concretamente, un abuso de estas potestades parlamentarias— podría abocar en situaciones de bloqueo de

---

16 Para buena parte de la doctrina constitucionalista, el veto presupuestario se erige en una manifestación de ese parlamentarismo racionalizado (véanse, entre otros, Pérez Jiménez, P. J.: "Las limitaciones…", op. cit., pp. 111 y 136; Aragón Reyes, M.: "La organización institucional de las Comunidades Autónomas", *Revista Española de Derecho Constitucional,* nº 79, 2007, p. 24; Ridao Martín, J.: "El «veto» o limitación de los derechos de participación de los parlamentarios en el procedimiento legislativo presupuestario. Una propuesta de revisión", *Corts: Anuari de Dret Parlamentari,* nº 32, 2019, p. 167; García Mengual, F.: "Una relectura de la facultad del «veto presupuestario» del gobierno a la luz de las Sentencias 34 y 44/2018 del Tribunal Constitucional", en AA.VV.: *Una vida dedicada al Parlamento. Estudios en homenaje a Lluís Aguiló i Lúcia,* Corts Valencianes, Valencia, 2019, p. 203).

las instituciones. De ahí que se haya producido una cierta mutación constitucional del papel otorgado al Legislativo, embridando su actuación para evitar dichas disfunciones. Sobre todo, en lo que respecta al ejercicio de los derechos de las minorías parlamentarias, sujetándose en ocasiones a requisitos o límites de tal entidad que, obviamente, acaban restándoles virtualidad.

Correlativamente, se ha ensanchado el radio de acción del Ejecutivo, en aras de agilizar la función política[17]. Aquí, la cuestión que aflora es cómo y dónde establecer ahora el umbral máximo de las atribuciones gubernamentales, en este nuevo escenario institucional. En cualquier caso, se trata de un parlamentarismo limitado, más funcional, donde evidentemente el Parlamento sigue teniendo un papel importante, pero en el que el eje pasa a ser ocupado

17 Para Gómez Corona, "[n]uestra Constitución opta de manera clara por un sistema parlamentario de gobierno racionalizado, que refuerza la posición del Ejecutivo frente a las Cortes Generales, a pesar de que son estas últimas las depositarias de la voluntad general. En esta decisión pesaron tanto las experiencias propias, como las vividas en el continente europeo, que acabaron influyendo de manera decisiva en los redactores de la Constitución. En el origen de este diseño late una preocupación compartida por la estabilidad y la eficacia gubernamental (...). En este contexto, el sistema parlamentario de gobierno se adereza de elementos destinados a dotar de estabilidad al gobierno y a convertir el Parlamento en un mero ratificador de las políticas gubernamentales, que necesitan su intervención formal para poder ser puestas en práctica" (Gómez Corona, E.: "La *desparlamentarización* del sistema político español. De parlamentarismo excesivamente racionalizado a un parlamento diluido", *Revista de Derecho Político*, nº 111, 2021, pp. 112-113).

por el Ejecutivo, mucho más flexible y veloz para adecuarse a las vicisitudes de la realidad económica y social.

Este cambio de paradigma que supone el desplazamiento del Parlamento del centro del orbe político se considera, más bien, una consecuencia lógica del devenir de la sociedad. El parlamentarismo racionalizado no deja de ser una evolución, en cierto modo natural, del que se conoce como clásico: los nuevos tiempos demandaban un dinamismo institucional que mal casa con el inmovilismo que podía generar un sistema parlamentario exacerbado hasta el límite. Por el contrario, se pretende que éste permita un mayor acomodo al contexto y circunstancias actuales, evitando que la vida política se obstruya en el Parlamento. Y, en este proceso, las competencias de los Parlamentos se han visto reducidas, como no podía ser de otro modo, en la búsqueda de ese —llámenoslo así— desequilibrio funcional[18].

---

18 Siguiendo a García Morillo, "[e]l «parlamentarismo racionalizado» puede considerarse ya, sin embargo, como el primer paso de una evolución hacia un modelo diferente que algunos han denominado «parlamentarismo estructurado». Este es, ciertamente, un grado posterior de evolución, pero con unas connotaciones que le presentan como cualitativamente diferente. En efecto, el parlamentarismo racionalizado se caracteriza, sobre todo, por su vertiente negativa: pretende evitar los efectos indeseados que puede provocar la acción, no sujeta a reglas formalizadas, de minorías parlamentarias incapacitadas para construir una mayoría pero suficientes para bloquear el correcto funcionamiento de las instituciones. En lógica consecuencia, opera, exclusivamente, sobre los mecanismos de control parlamentario del Gobierno y de exigencia de su responsabilidad política. El parlamentarismo estructurado, sin embargo, persigue objetivos más ambiciosos.

El riesgo de este movimiento pendular, que ha oscilado desde los primeros parlamentarismos tradicionales a los actuales de carácter racionalizado, estriba precisamente en que dicho desequilibrio acabe desdibujando las instituciones. Las limitaciones a las funciones del Legislativo, teóricamente justificadas en esa optimización de los sistemas políticos, pueden terminar incidiendo en su núcleo duro, en ese contenido indisponible que configura la propia esencia del Parlamento. Y, en este sentido, la figura

---

En primer lugar, su planteamiento es positivo, no negativo: no pretende sólo evitar los efectos perjudiciales antes descritos, sino también organizar «ad intra» la vida parlamentaria y racionalizar «ad extra» la actividad parlamentaria en sus relaciones con el Ejecutivo. Su propósito es, en suma, organizar y racionalizar la vida parlamentaria —la totalidad de la misma— provocando que la Cámara sea un auténtico reflejo —en su actuación, relevancia de los actos, etc.— de la vida política nacional. A tal efecto, no se contenta con formalizar las funciones de control parlamentario y exigencia de la responsabilidad política, sino que pretende tener un alcance global: se extiende a la función legislativa, a la presupuestaria y a los debates de cualquier género, de forma que ofrece una respuesta articulada en función de la correspondiente representación política a la actividad de los grupos que integran la Cámara (...). El parlamentarismo estructurado no hace otra cosa, en realidad, que intentar dar respuesta a la auténtica función del Parlamento, y a su papel real en los sistemas parlamentarios, que se ha ido decantando a través de un largo proceso evolutivo. Un proceso evolutivo que, en síntesis, conduce de un sistema donde el Parlamento es el eje central a otro que podríamos denominar de «parlamentarismo limitado», en el que el Parlamento es, sí, una pieza importante del sistema, pero no la central" (García Morillo, J.: "Mitos y realidades del parlamentarismo", *Revista del Centro de Estudios Constitucionales*, nº 9, 1991, pp. 120-121).

del presupuesto constituye un claro exponente de este cambio de roles y de esa asunción de protagonismo del Gobierno en detrimento de las Cámaras.

Ciertamente, es en este nuevo escenario donde cobra sentido totalmente la acepción de presupuesto como instrumento fundamental para la realización del programa político del Gobierno. Esto es, como expresión de su orientación y dirección políticas que el Parlamento no puede ni debe alterar. Restricción de la actuación del Legislativo que ya no operaría sólo en relación con el presupuesto aprobado, sino también con el que todavía esté tramitándose, esto es, con el proyecto de ley presentado por el Ejecutivo[19]. Este sería, pues, el fundamento político subyacente a la posible aplicación de las restricciones al debate parlamentario de los presupuestos.

---

19 En opinión de Gómez Corona, "a estas alturas sabemos que cuando el artículo 134 CE atribuye al Gobierno la elaboración del presupuesto y a las Cortes Generales, su examen, enmienda y aprobación, no está reflejando la realidad de las cosas. El Gobierno no sólo elabora el proyecto sino que pilota todo el proceso gracias a una serie de limitaciones que dificultan enormemente su debate y enmienda por parte de las Cámaras. El famoso veto de las enmiendas que incrementen el gasto o la necesidad de presentar las enmiendas compensadas, unido a la rapidez en la tramitación, que impide un debate ni mínimamente sosegado para tratar la cuestión, dificultan enormemente la reforma del proyecto inicialmente presentado por el gobierno". Llegando a aseverar que "el Parlamento ha dejado de ser, no la institución central en materia presupuestaria de acuerdo con el artículo 134 CE, sino ni siquiera un órgano necesario en lo relativo a las cuentas" (Gómez Corona, E.: "La *desparlamentarización* del sistema político español…", op. cit., pp. 121 y 123).

De hecho, la vinculación del veto presupuestario con ese parlamentarismo racionalizado —como una manifestación del mismo, en suma— viene reconocida, incluso, por el propio Tribunal Constitucional, ya en su Sentencia 223/2006, de 6 de julio[20]. Desde esta perspectiva, el presupuesto se concibe como la clave de bóveda de la política gubernamental y el veto, por ende, como un mecanismo para su defensa. Pero no sólo del presupuesto, sino también del propio proyecto de ley adoptado por el Ejecutivo.

Expresado sin ambages, si la dirección de la política viene conferida al Ejecutivo *ex* artículo 97 de la Carta Magna, el Parlamento no puede sustituirlo ni, por ende, arrogarse dicha competencia, lo que podría suceder en cierta medida si se acaba alterando la propuesta programática de la acción gubernamental que encarna el proyecto de ley de presupuestos. Es decir, si se interpreta que las enmiendas a éste último suponen una especie de incursión en el ejercicio de esa función constitucional de dirección política, entonces la exigencia de conformidad gubernamental a aquéllas que impliquen un aumento de los créditos o una disminución de los gastos encontraría aquí su plena justificación: dado que el presupuesto es la expresión cifrada de la política económica —y general— del Ejecutivo, no cabrían modificaciones en los estados numéricos globales sin la anuencia del mismo.

Nos alejamos, pues, de esa concepción del presupuesto como acto político-jurídico de conformación compartida entre Gobierno y Cámaras, respecto del plan financiero de la actividad pública. No hay, por tanto, un ejercicio

---

20 Fundamento Jurídico sexto (ECLI:ES:TC:2006:223).

equitativo del poder presupuestario en su diseño, ni mucho menos puede afirmarse que el Parlamento tenga la última palabra a tales efectos. Al contrario, el Legislativo ve constreñidas sus facultades hasta el punto de no poder modificar las cifras globales de los presupuestos, ya que constituyen las líneas maestras de la política económica del Gobierno.

En definitiva, el Parlamento se limita entonces, prácticamente, a convalidar la propuesta del Ejecutivo, puesto que se le impide alterar su esencia en términos económicos, al menos sin la intervención del Gobierno. Así pues, no puede modificarlo de modo independiente, pero sí rechazarlo —*rectius*, no aprobarlo—, hecho este que ya garantizaría suficientemente su potestad presupuestaria.

Todo ello implica que el veto presupuestario se entienda, en este sentido, como algo más que un simple instrumento de defensa del equilibrio financiero plasmado en el presupuesto ya aprobado. Ahora se trata de que sirva también para garantizar el núcleo del proyecto presentado por el Gobierno, esto es, de su programa económico y, por extensión, de su futura acción política.

Adicionalmente, se busca entroncar las restricciones a la enmienda de los presupuestos con la confianza otorgada por el Parlamento en el acto de investidura, tal como ya apuntó el Tribunal Constitucional en su Sentencia 223/2006, de 6 de julio[21]. Y ello porque las políticas

---

[21] Fundamento Jurídico quinto de la Sentencia del Tribunal Constitucional 223/2006, de 6 de julio (ECLI:ES:TC:2006:223): "En su condición de vehículo de dirección de la política económica del Ejecutivo el presupuesto es un instrumento fundamental pa-

propuestas en aquel momento, sobre las que el Legislativo mostró solemnemente su aquiescencia, y que van a ser puestas en práctica a través de la acción de gobierno plasmada en los sucesivos presupuestos, no pueden ser desvirtuadas de tal modo que devengan inaplicables. Esa confianza implica, en cierta manera, que no pueda atacarse la sustancia del instrumento económico del programa de gobierno en que se erige el presupuesto, ni tampoco

---

ra la realización de su programa de gobierno. Las singularidades de su procedimiento de elaboración y aprobación hacen de él, además, una expresión cualificada, en lo económico, de la confianza parlamentaria sobre la que necesariamente ha de constituirse cualquier Gobierno. La ejecución de un presupuesto en curso supone la verificación de dos confianzas: de un lado la obtenida por el Gobierno con la investidura de su Presidente; de otro la concedida específicamente por la Cámara a su programa anual de política económica. Así como la primera sólo se pierde en los casos expresamente establecidos (con el éxito de una moción de censura o el fracaso de una cuestión de confianza), la segunda se conserva a lo largo del período de vigencia natural (o prorrogada) del presupuesto, de suerte que el Gobierno puede pretender legítimamente que las previsiones económicas en él contenidas se observen rigurosamente en el curso de su ejecución. Puede pretender, en definitiva, que sólo sea relevante la oposición a su programa de gobierno traducida en una retirada formal de la confianza obtenida con la investidura y que, constante esa confianza, no se dificulte la ejecución del programa del Gobierno haciéndolo impracticable con la desnaturalización del programa económico sobre el que se asienta. Éste es el fundamento de la facultad que se le reconoce al Ejecutivo para oponerse a la tramitación de iniciativas legislativas que puedan desvirtuar el instrumento económico de su acción de gobierno".

—por la misma razón— el embrión que constituye su proyecto[22].

Se intenta, por tanto, que el Gobierno pueda mantener sin ulteriores injerencias la dirección de la política previamente validada por las Cámaras, con independencia de que esa confianza haya de ratificarse anualmente mediante la aprobación parlamentaria de la ley de presupuestos. Pero sin que quepa alterar la esencia del programa económico del Ejecutivo, por lo que resulta coherente que se limite la posibilidad de enmienda a los presupuestos.

De este modo, el Legislativo no puede reemplazar al Gobierno en la elaboración del presupuesto mediante la presentación de enmiendas que minoren los ingresos o incrementen los créditos, porque sería tanto como permitir una reformulación de su propuesta económica[23].

---

22 En cambio, Marrero García-Rojo sostiene que "[e]l presupuesto aprobado no tiene por qué ser aceptación parlamentaria del programa económico del Gobierno, ni expresión de la confianza, ni siquiera estrictamente política, en este, dado que el Parlamento puede introducir alteraciones sustanciales en el presupuesto elaborado por el Gobierno que le es presentado como proyecto de ley" [Marrero-García Rojo, A.: "El control del ejercicio por el Gobierno de la facultad de veto presupuestario (Comentario a la STC 223/2006, con consideración de la STC 242/2006)", *Revista Española de Derecho Constitucional*, nº 80, 2007, p. 339].

23 Para Rodríguez Bereijo "las Leyes de Presupuestos, por mandato constitucional objeto de desarrollo en los Reglamentos de las Cámaras, tienen un procedimiento de tramitación parlamentaria distinto que, en esencia, significa que restringen los poderes de las Cámaras frente al poder del Ejecutivo, no sólo a fin de respetar la iniciativa política que corresponde al Gobierno en materia económico-presupuestaria, sino para preservar otro valor

En un parlamentarismo racionalizado que pretende una mayor eficiencia de la actividad pública, el Parlamento no puede —¿no debe?— intervenir en la configuración de la hoja de ruta política que representan los presupuestos.

Ciertamente, el principio constitucional de anualidad posibilita que las Cámaras decidan periódicamente acerca de si siguen depositando o no su confianza en el Ejecutivo. Pero tan sólo aprobando o rechazando en bloque el proyecto de presupuestos, no novándolo hasta su dilución a través de enmiendas unilaterales de gran calado económico.

En suma, el veto gubernamental es, desde esta otra perspectiva, el reverso de la confianza depositada por las

---

que tradicionalmente ha sido destacado por la literatura hacendística, esto es, la intangibilidad del programa económico del Gobierno que tiene su reflejo en toda Ley de Presupuestos, en la medida en que la función de gobierno y dirección de la política económica corresponde constitucionalmente al Gobierno y no al Parlamento. La función del Parlamento es controlar la acción del Gobierno, pero nunca sustituir a éste en la dirección de la política económica. De ahí que, tradicionalmente, en todos los países de régimen democrático parlamentario las facultades de enmienda y modificación de los grupos parlamentarios cuando ello afecta a los Presupuestos del Estado sean enormemente restringidas. ¿Por qué? Porque en la medida en que el Presupuesto es la expresión cifrada de la política económica del Gobierno (el esqueleto del Estado en cifras), corresponde al Gobierno dirigir la política que es de su responsabilidad. El Parlamento no puede dirigir la política económica o hacer dicha política, lo cual corresponde en exclusiva al Gobierno" (Rodríguez Bereijo, A.: "Jurisprudencia constitucional y Derecho Presupuestario. Cuestiones resueltas y temas pendientes", *Revista Española de Derecho Constitucional*, nº 15, 1995, p. 20).

Cámaras. Sin su aplicación en sede de aprobación del presupuesto, el Gobierno no puede dirigir realmente la política económica general, de la que aquél no es sino su instrumento financiero fundamental.

Éstas son las dos posiciones que, al menos en el plano teórico, se han tratado de sostener en torno a la aplicabilidad o no del veto a las enmiendas al propio presupuesto. Lo que entronca, en puridad, con esa tensión entre la función tradicionalmente atribuida a esta última institución y la que realmente tiene en los actuales sistemas parlamentarios. Habrá que ver, pues, en qué medida la nueva doctrina del Tribunal Constitucional sobre el veto presupuestario, establecida a partir de sus pronunciamientos de 2018, se decanta por una u otra alternativa, o bien sigue dejando inconclusa esta cuestión capital.

Una última reflexión a este respecto. La de si el veto presupuestario constituye un elemento esencial de ese parlamentarismo racionalizado o si, por el contrario, es simplemente otra característica más, propia de tal sistema, pero no un requisito *sine qua non* del mismo. Cuestión esta que enlaza plenamente con la tratada en este punto. Porque una respuesta afirmativa llevaría a que la falta de previsión expresa en la Carta Magna de la proyección del veto a la fase de aprobación del presupuesto no impediría su aplicabilidad a las enmiendas a éste, al considerarse consustancial a ese parlamentarismo racionalizado constitucionalmente admitido. Lo contrario supondría, en cambio, que el ejercicio de esa facultad gubernamental en dicho momento del ciclo presupuestario fuese, realmente, una autolimitación de las Cámaras establecida en sus correspondientes reglamentos, careciendo por tanto de rango constitucional.

A este respecto, cabe señalar que las limitaciones a la iniciativa legislativa de las Cámaras en materia financiera se erigen en uno de los rasgos distintivos de los regímenes parlamentarios actuales, conteniéndose en la mayoría de las Constituciones modernas[24]. Pero su reconocimiento —y, por ende, también el del veto presupuestario— parece que ha de ser explícito, sin que quepa colegirlo de ese parlamentarismo racionalizado que, a día de hoy, rige generalizadamente como fórmula política[25].

Dicho de otro modo, el veto no puede adquirir carta de naturaleza constitucional como consecuencia, meramente, del modelo de relaciones entre Parlamento y Gobierno que implícitamente se derive de la Carta Magna. Aunque nos encontremos ante la aceptación constitucional de un parlamentarismo racionalizado, ello no implica que dicha figura sea absolutamente inherente a este sistema[26]

---

24 Pérez Jiménez, P. J.: "Las limitaciones…", op. cit., p. 111.

25 De acuerdo con Gómez Corona, "una cosa es admitir que la confusa dicción legal del art. 134.6 CE permite sostener las restricciones parlamentarias en el proceso de examen, enmienda y aprobación de la Ley de Presupuestos y otra muy distinta, considerar este rasgo como algo connatural a la institución parlamentaria o al sistema parlamentario de gobierno (…)" [Gómez Corona, E.: "Las potestades financieras de las Cortes Generales: del uso al abuso del veto presupuestario sobre las enmiendas con repercusiones financieras", *Revista General de Derecho Constitucional*, nº 28, 2018, p. 13 (versión electrónica)].

26 Marrero García-Rojo precisa que "[l]a denominada facultad de veto presupuestario debe estar expresamente prevista en la nor-

ni, por consiguiente, que deba realizarse una exégesis extensiva de una previsión, como la de su aplicación en la tramitación del presupuesto, que carece de alcance constitucional.

En nuestro caso, la Constitución española sí recoge este veto gubernamental en el artículo 134.6, pero su extrapolación a las enmiendas al proyecto de ley de presupuestos tiene un carácter *infraconstitucional*. La plasmación expresa de esta posibilidad tan sólo se produce en los Reglamentos de las Cámaras, mas no en la Carta Magna, deviniendo

mativa de aplicación, sin que pueda deducirse de una consideración abstracta del sistema de relaciones Parlamento-Gobierno que se entienda que establecen, expresa o implícitamente, las normas fundamentales de cada ordenamiento, estatal o autonómico, especialmente la Constitución y los Estatutos de Autonomía. En concreto, aunque de algunos pasajes de las SSTC 223 y 242/2006 (…) pudiera desprenderse que se considera que el sistema de relaciones Parlamento-Gobierno, tanto a nivel estatal como autonómico, responde a las características propias de lo que se ha venido en llamar *parlamentarismo racionalizado*, que supone un fortalecimiento de la posición de los Gobiernos en relación con los Parlamentos, siendo una de esas características la denominada facultad de veto presupuestario, tales consideraciones deben ser adecuadamente entendidas. Y ello conduce, precisamente, a alterar el orden de los razonamientos, de modo que la existencia, en determinado ordenamiento, de la facultad de veto presupuestario es, justamente, uno de los varios indicios o criterios que permiten, conjuntamente valorados, considerar que el sistema de relaciones Parlamento-Gobierno responde a las características abstractas que se entienden definidoras del convencionalmente denominado *parlamentarismo racionalizado*" (Marrero-García Rojo, A.: "El control del ejercicio…", op. cit., p. 338).

una restricción de la iniciativa legislativa no impuesta —al menos de forma explícita— por el constituyente. Otra cosa es que el Tribunal Constitucional, efectuando una interpretación amplia del precepto —tal vez desde la ambigüedad que permite la imprecisión de su literalidad—, haya acabado derivando dicha posibilidad del propio texto[27]. Mas reconocimiento expreso, en sentido estricto, no existe como tal en éste último.

En cualquier caso, el problema aquí radica en que esa dilatación del radio de acción del veto, que habilita su aplicabilidad a las enmiendas formuladas al propio presupuesto, podría entrar en conflicto con los derechos de las minorías parlamentarias y, más técnicamente, con el *ius in officium* de los parlamentarios plasmado en el artículo 23 de la Carta Magna. Y ello porque sería susceptible de entrañar, en realidad, una limitación a un derecho fundamental dimanante, además, de una previsión normativa sin rango constitucional.

Sobre esta fricción jurídica ahondaremos seguidamente, si bien antes debe insistirse en que el parlamentarismo racionalizado en el que se encuadran los actuales sistemas políticos no puede servir como base, *per se*, para un ensanchamiento tal del veto presupuestario que acabe cercenando los derechos fundamentales. Antes al contrario, el juego del artículo 23 de la Constitución aconsejaría —¿u

---

27 Según Martínez Lago, "[e]l Tribunal toma un elemento infraordenado constitucionalmente y lo eleva a categoría constitucional" (Martínez Lago, M. A.: "Las restricciones...", op. cit., p. 8).

obligaría?— a una visión restringida de esta figura[28], sin que con ello tenga que resentirse la caracterización del modelo. Porque ese parlamentarismo seguiría siendo racionalizado, aun cuando el veto no resultase aplicable en sede de tramitación presupuestaria.

En efecto, ningún tipo de parlamentarismo racionalizado o estructurado puede llevar, en su máxima expresión, a una anulación de las funciones básicas de las Cámaras, entre ellas la propiamente presupuestaria. En modo alguno se le puede despojar de esta potestad, ni siquiera sobre la base de la responsabilidad gubernamental en la dirección de la acción política, constitucionalmente atribuida. El Gobierno habrá obtenido la confianza del Parlamento con la investidura del presidente, la cual se extiende a las líneas generales de su política, incluida la económica que vaya a servir de sustrato de aquélla. Ahora bien, si cualquier enmienda parlamentaria que modifique cuantitativamente el proyecto de ley de presupuestos debe contar con la conformidad del Ejecutivo, ¿no se estarían vaciando de contenido las competencias de las Cámaras en la aprobación del presupuesto?

En el fondo, la política que tiene que dirigir el Gobierno es la que sea posible de acuerdo con el presupuesto, y no al revés. De manera que, con carácter general, el veto gubernamental no debería erigirse en un impedimento

---

28 A juicio de Gómez Corona, “debe prevalecer la interpretación menos restrictiva con la posición y funciones del Parlamento, para salvaguardar así los derechos de las minorías” [Gómez Corona, E.: “Las potestades financieras…”, op. cit., p. 10 (versión electrónica)].

de tal entidad que termine difuminando la iniciativa parlamentaria, incluso aunque ésta tenga un cierto impacto presupuestario. Cierto es que esta figura trata de evitar bloqueos sistemáticos de la política gubernamental, que podrían producirse a causa de proposiciones o enmiendas que afecten sustancialmente a las cifras en las que aquélla se apoya. Pero tampoco puede servir para bloquear toda la actividad parlamentaria que no cohoneste con el programa del Ejecutivo.

Las limitaciones del derecho de enmienda —recuérdese, de naturaleza fundamental, *ex* artículo 23 de la Constitución— al proyecto de ley de presupuestos no pueden hacerse descansar, sin mayor justificación, en la función de dirección política conferida al Gobierno. Más bien a la inversa, la política económica —y general— habrá de planificarse, adoptarse y desarrollarse desde el respeto al poder presupuestario del Parlamento. De este modo, la posibilidad de enmienda unilateral por parte de las Cámaras al presupuesto presentado por el Ejecutivo no obsta para que continúe siendo su vehículo de dirección política, ni supone una adulteración de las relaciones constitucionales entre uno y otro órgano[29]. Además, siempre quedará el

---

29 Como subraya Marrero García-Rojo "es perfectamente posible que el Parlamento, mediante la enmienda del elaborado por el Ejecutivo, apruebe un presupuesto que no responda al programa de gobierno de este y, sin embargo, a pesar de ello, no cabe duda de que el presupuesto seguirá siendo vehículo de dirección de la política económica y que esta seguirá correspondiendo al Gobierno (...). [E]s perfectamente posible que no exista límite específico alguno de la facultad parlamentaria de enmienda en la tramitación de la ley presupuestaria, lo que supondrá, claro

recurso a las modificaciones presupuestarias para cambiar con posterioridad —si concurriesen los presupuestos para ello— lo previamente enmendado por el Legislativo.

2.2.2. El *ius in officium* de los parlamentarios

Más allá de las posibles interpretaciones en un sentido u otro del artículo 134.6 de la Constitución, lo cierto es que la literalidad del precepto no prohíbe de forma expresa el veto gubernamental a las enmiendas a los presupuestos. De ahí que esta facultad haya sido acogida por los reglamentos de las Cámaras. Sin embargo, la ausencia de previsión constitucional explícita acerca de la aplicación de estas limitaciones a las enmiendas en la fase de aprobación de los presupuestos plantea la cuestión de si ello podría afectar al *ius in officium* de los parlamentarios, recogido en el artículo 23 de la Carta Magna y, por tanto, contravenir indirectamente la misma.

Como es sabido, el artículo 23 de la Constitución se compone de dos apartados que reconocen el derecho a la participación política y al acceso a los cargos públicos, respectivamente. Ambos se encuentran íntimamente relacionados ya que, tal como recuerda el Tribunal Constitucional, "son primordialmente los representantes políticos de los ciudadanos quienes dan efectividad a su derecho a

---

está, que el presupuesto aprobado podrá diferir sustancialmente del elaborado y presentado por el Gobierno, sin que por ello se alteren las bases esenciales del sistema de relaciones entre este y el Parlamento" (Marrero-García Rojo, A.: "El control del ejercicio...", op. cit., pp. 316 y 317).

participar en los asuntos públicos. De suerte que el derecho del art. 23.2 CE, así como, mediatamente, el que el art. 23.1 CE reconoce a los ciudadanos, quedaría vacío de contenido, o sería ineficaz, si el representante político se viese privado del mismo o perturbado en su ejercicio"[30].

En concreto, el derecho fundamental establecido en el artículo 23.2 de la Constitución sirve al bien jurídico protegido de la representación, clave de bóveda de la democracia, hallándose directamente conectado con el valor constitucional del pluralismo político. Se trata, pues, de tutelar el interés general de que la voluntad de los órganos políticos se componga democráticamente[31], dando cumplimiento a lo proclamado en el artículo 1.1. de la Carta Magna.

Además, el derecho a acceder en condiciones de igualdad a las funciones y cargos públicos, con los requisitos que señalen las leyes, es para el Tribunal Constitucional "un derecho de configuración legal, cuyo contenido se extiende al acceso y permanencia en el ejercicio del cargo público, así como a desempeñarlo de acuerdo con la ley, sin constricciones o perturbaciones ilegítimas, correspondiendo establecer su delimitación, sentido y alcance a los

---

30 Sentencia del Tribunal Constitucional 199/2016, de 28 de noviembre, Fundamento Jurídico tercero (ECLI:ES:TC:2016:199).

31 García Roca, J.: "La difícil noción de cargo público representativo y su función delimitadora de uno de los derechos fundamentales del artículo 23.2 de la Constitución", *Revista de las Cortes Generales*, nº 34, 1995, pp. 64, 85 y 99.

reglamentos parlamentarios"[32]. Dicho de otro modo, el derecho de acceso a un cargo público implica, de suyo, el correlativo a su normal ejercicio. De lo contrario, no puede hablarse de una auténtica representación[33].

Por tanto, el desempeño de un cargo público representativo requiere un haz de facultades que vertebran su estatuto jurídico. Este *ius in officium* constituye el contenido material mínimo que el representante debe disponer en el ejercicio de sus funciones, en aras de garantizar su intervención real —y no meramente nominal— en la composición de la voluntad del órgano correspondiente[34].

---

[32] Sentencia del Tribunal Constitucional 168/2021, de 5 de octubre, Fundamento Jurídico tercero (ECLI:ES:TC:2021:168).

[33] Siguiendo a García Morillo y Pérez Tremps, "el derecho a acceder a un cargo público integra, también, el derecho a ejercerlo, sin el cual el primero quedaría vacío de contenido; y, a su vez, el derecho a ejercerlo incorpora el derecho a la utilización de todas las facultades inherentes al cargo, y, obviamente, a una utilización eficaz en términos jurídicos, esto es, que surta efectos jurídicos y que sea, por tanto, respetada por todos" (García Morillo, J. y Pérez Tremps, P.: "Legislativo vs. Ejecutivo autonómicos: el problema del control del «veto presupuestario»", *Parlamento y Constitución. Anuario*, nº 2, 1998, p. 26).

[34] En términos de García Roca, "el contenido del derecho preserva no sólo los momentos del acceso y el cese, es decir, la permanencia, sino también las facultades que hacen recognoscible el cargo, aquéllas sin cuyo ejercicio no podría ser identificado, y que le permiten participar en el funcionamiento del órgano al que accede en virtud de la relación representativa. Acaba por coincidir, pues, el ámbito del derecho fundamental con gran parte de lo que suele llamarse el estatuto del parlamentario y, en general, con el estatuto del cargo público representativo, configurando

Pues bien, ciñéndonos a las funciones parlamentarias, los reglamentos de las Cámaras contemplan una serie de facultades de los representantes políticos, cuyo desconocimiento impediría la realización del derecho fundamental previsto en el artículo 23.2 de la Constitución. En consecuencia, dentro del *ius in officium* de los parlamentarios se encuentra, en el marco del procedimiento legislativo, la presentación de proposiciones[35] y enmiendas[36], entre otros derechos.

En efecto, tales proposiciones y enmiendas se erigen en dos elementos basilares del *ius in officium* de los representantes parlamentarios electos[37]. Parafraseando al Tribunal Constitucional, dado que la función legislativa de los representantes de los ciudadanos deviene la "máxima expresión del ejercicio de la soberanía popular en el Estado democrático", el derecho a la iniciativa legislativa, en cualquiera de sus manifestaciones, se integra plenamente en ese *ius in officium* del representante[38].

Así, por lo que respecta a las proposiciones de ley, el Tribunal Constitucional recalca que éstas no sólo son la forma más señalada y expresiva de participación de los

---

el núcleo del mismo" (García Roca, J.: "La difícil noción...", op. cit., p. 85).

35 Véanse los artículos 124 y ss. del Reglamento del Congreso de los Diputados y 108 y ss. del Reglamento del Senado.

36 Véanse los artículos 109 y ss. del Reglamento del Congreso de los Diputados y 104 y ss. del Reglamento del Senado.

37 Ridao Martín, J.: "El «veto» o limitación...", op. cit., p. 171.

38 Sentencia del Tribunal Constitucional 10/2016, de 1 de febrero, Fundamento Jurídico cuarto (ECLI:ES:TC:2016:10).

parlamentarios en la potestad legislativa de las Cámaras, sino también un cauce instrumental al servicio de la función representativa característica del Parlamento, puesto que su presentación obliga ya al Pleno a pronunciarse sobre la correspondiente iniciativa. La proposición de ley tiene, pues, una naturaleza bifronte: de un lado, sirve para poner en marcha el procedimiento legislativo y, por otro, permite también forzar el debate político.

Esto último adquiere, asimismo, una gran relevancia desde la óptica del proceso democrático, ya que el simple debate plenario de la iniciativa "cumple la muy importante función de permitir a los ciudadanos representados tener conocimiento de lo que sus representantes piensan sobre una determinada materia, así como sobre la oportunidad o no de su regulación legal, y extraer sus propias conclusiones acerca de cómo aquéllos asumen o se separan de lo manifestado en sus respectivos programas electorales". Por todo ello, la presentación de proposiciones de ley se inserta en el núcleo de la representación, como parte elemental del *ius in officium* de los parlamentarios, ya que a su través la ciudadanía puede conocer "la opinión política de sus representantes sobre la materia objeto de la iniciativa y la conveniencia de su regulación legal"[39].

En cuanto al derecho de enmienda en el procedimiento legislativo, el Tribunal Constitucional lo incorpora, asimismo, al contenido central del *ius in officium* de los parlamentarios, deviniendo "uno de los principales instrumentos a través del cual los diputados y grupos parla-

---

39 Sentencia del Tribunal Constitucional 124/1995, de 18 de julio, Fundamento Jurídico tercero (ECLI:ES:TC:1995:124).

mentarios participan e intervienen en el ejercicio de la potestad legislativa con la pretensión de incidir mediante la formulación de propuestas de rechazo, alteración o modificación sobre la iniciativa legislativa en cada caso concernida. El derecho de enmienda cumple, por consiguiente, la relevante función de garantizar la participación e intervención de los diputados y de los grupos parlamentarios en el proceso de elaboración de la ley y, en último término, en la configuración del texto legislativo, contribuyendo de este modo a la formación de la voluntad de la Cámara"[40].

Además, se atribuye al derecho de enmienda una finalidad análoga a la propia de la iniciativa parlamentaria, puesto que "no es sólo un mecanismo de participación e intervención en la potestad legislativa de la Cámara, sino que constituye además un cauce al servicio de la función representativa característica de todo Parlamento. En efecto, aquel derecho opera como un instrumento eficaz en manos de los parlamentarios y de los grupos para manifestar sus posiciones sobre una determinada iniciativa legislativa y las razones o criterios, políticos o de otra índole, por los que han decidido apoyarla o rechazarla, así como para ofrecer alternativas a la misma, forzando a los demás parlamentarios y al resto de grupos de la Cámara a pronunciarse también sobre las propuestas que formulen a través de sus enmiendas. La presentación, el debate y la votación de las enmiendas cumplen igualmente la muy importante función de permitir a los ciudadanos conocer la postura

---

40 Sentencia del Tribunal Constitucional 139/2017, de 29 de noviembre, Fundamento Jurídico quinto (ECLI:ES:TC:2017:139).

de sus representantes respecto de una determinada iniciativa legislativa, así como las alternativas o modificaciones que puedan proponer en relación con la misma, y extraer sus propias conclusiones acerca de cómo aquéllos asumen o se separan de sus respectivos programas electorales"[41].

En definitiva, el derecho de enmienda "sirve a la naturaleza democrática del procedimiento legislativo y al valor del pluralismo político que debe presidir su desarrollo y del que las Cámaras parlamentarias son expresión y reflejo". A su través se vehicula la participación de las minorías en el proceso de adopción de la norma y, por ende, la legitima democráticamente, cohonestando así con el valor del pluralismo político que debe presidir, necesariamente, la tramitación de cualquier iniciativa legislativa[42].

Por tanto, la intervención de los parlamentarios en el procedimiento legislativo mediante la presentación de proposiciones o la introducción de enmiendas se sitúan en el eje de su *ius in officium*, al tratarse de facultades que les permiten ejercer correctamente la función representativa[43]. En este contexto jurídico, resulta obvio que el veto presupuestario puede incidir en estos derechos de participación política de los miembros de las Cámaras, ya que supone un límite potencial a su iniciativa legislativa[44].

---

41 *Ibídem.*

42 *Ibídem.*

43 Sentencia del Tribunal Constitucional 119/2011, de 5 de julio, Fundamento Jurídico noveno (ECLI:ES:TC:2011:119).

44 Ridao Martín, J.: "El «veto» o limitación…", op. cit., p. 187.

Obviamente, ningún derecho —ni siquiera aquellos que tienen rango fundamental— tiene un carácter ilimitado, resultando ponderada su aplicación cuando concurra con otros bienes jurídicos o intereses constitucionalmente relevantes. Lo que no empece para que las restricciones al ejercicio de tales derechos deban interpretarse de la manera menos amplia posible, para que no se termine socavando su contenido esencial. Desde esta perspectiva, no habría de otorgarse a la facultad gubernamental de veto un alcance de tal magnitud que acabase desnaturalizando el *ius in officium* de los parlamentarios.

Ciertamente, el veto presupuestario no puede llevar a la inoperatividad práctica del derecho fundamental al ejercicio del cargo parlamentario, por lo que no caben proyecciones abusivas, impropias o injustificadas de aquél. De lo contrario, se estaría dinamitando el núcleo duro de los derechos de participación política ínsitos en el artículo 23 de la Constitución.

Por tanto, aun cuando el artículo 134.6 de la Carta Magna embride la iniciativa legislativa de las Cámaras en materia presupuestaria, tampoco debe eliminarla de plano. Es verdad que el derecho del artículo 23.2 es de configuración legal, pero los reglamentos de las Cámaras tienen que respetar en cualquier caso el contenido esencial, dado su carácter fundamental[45]. Además, el derecho a la participación ciudadana en los asuntos públicos del artículo 23.1 de la Constitución se actúa por medio de los representantes electos, lo que refuerza una exégesis

---

45 Sentencia del Tribunal Constitucional 139/2017, de 22 de noviembre, Fundamento Jurídico sexto (ECLI:ES:TC:2017:139).

extensiva de sus funciones y, correlativamente, restrictiva de aquellos mecanismos —como el veto presupuestario— que las dificulten.

Pues bien, en tanto la iniciativa legislativa y la formulación de enmiendas se ubican en la médula de la función representativa parlamentaria, la infracción de esta faceta del *ius in officium* de los miembros de las Cámaras sí constituiría una lesión de un derecho fundamental. En consecuencia, se impone una interpretación limitativa de todas las normas que cercenen aquellas atribuciones integrantes del estatuto constitucionalmente relevante del representante político, a fin de no vulnerar el apartado segundo del artículo 23 de la Carta Magna —y, por extensión, también el primero—[46]. Simplemente este mismo precepto bien podría abonar, en puridad, una concepción restringida del veto que excluya su utilización en sede de aprobación de los presupuestos.

En suma, tal vez debería invertirse el planteamiento y poner el foco en que, con independencia de que el veto presupuestario represente un límite a la iniciativa parlamentaria, los derechos de participación política contemplados en el artículo 23 de la Constitución se erigen en la frontera que no debería sobrepasar el Gobierno cuando haga uso de dicha facultad. El contenido esencial de tales derechos fundamentales deviene, pues, el auténtico límite de su ejercicio, y no al revés.

---

[46] Sentencia del Tribunal Constitucional 4/2018, de 22 de enero, Fundamento Jurídico quinto (ECLI:ES:TC:2018:4).

Este cambio de perspectiva implicaría, de un lado, que el veto carezca de la fuerza expansiva con la que han pretendido dotarle los reglamentos de las Cámaras, poniéndose en tela de juicio su extrapolación a las enmiendas al propio proyecto de ley de presupuestos. De otro lado, la aplicación del veto a la iniciativa legislativa con incidencia presupuestaria deberá ser proporcionada y estar justificada, imponiéndose un juicio de ponderación que, en cualquier caso, asegure el contenido esencial del derecho fundamental.

En esta última línea, posteriormente se abordará cómo la nueva doctrina del Tribunal Constitucional sobre el veto presupuestario exige una motivación suficiente y poliédrica de la disconformidad gubernamental, como garantía del *ius in officium* de los parlamentarios. Baste señalar ahora que el respeto a los elementos configuradores del derecho fundamental previsto en el artículo 23.2 de la Constitución podría sustentar, en puridad, una visión restrictiva del veto que impida su uso en la fase de tramitación presupuestaria.

2.2.3. Las enmiendas compensatorias como técnica alternativa… ¿o complementaria al veto presupuestario?

Tal como se indicó *supra*, los reglamentos de las Cámaras ordenan, para la tramitación de las enmiendas al proyecto de ley de presupuestos que impliquen un aumento de créditos en algún concepto, que se proponga una baja de igual cuantía en la misma sección, además de observar los requisitos generales[47]. Esta exigencia de que las enmiendas que incrementen el gasto tengan un carácter compensatorio o constructivo —no contemplada, por otra parte, en el artículo 134.6 de la Constitución[48]— plantea la duda de si constituye un elemento adicional a la conformidad gubernamental o, por el contrario, sustitutivo de la misma.

Pues bien, aun cuando la práctica parlamentaria haya consolidado la complementariedad de ambas técnicas[49],

---

[47] Artículos 133.3 del Reglamento del Congreso de los Diputados y 149.2 del Reglamento del Senado.

[48] Martínez Lago, M. A.: "Las limitaciones de las Cortes Generales en la iniciativa y aprobación de los Presupuestos", *Revista de las Cortes Generales,* nº 21, 1990, pp. 109 y 110; Jiménez Díaz, A.: "El derecho de enmienda y el veto del Gobierno en el nuevo marco de elaboración de los Presupuestos Generales del Estado", *Revista de las Cortes Generales,* nº 104, 2018, p. 461. Para Recoder de Casso, "en la Constitución no se prohíbe que las enmiendas al Proyecto de Ley de Presupuestos Generales del Estado propongan aumentar el gasto sin compensación" (Recoder de Casso, E.: "El debate parlamentario…", op. cit., p. 119).

[49] Matiza Gómez Corona que, en el Congreso, la conformidad gubernamental se superpone a la exigencia de compensación de la enmienda, mientras que en el Senado la práctica difiere, puesto que si ésta se presenta compensada, se admite a trámite sin necesidad de enviarla al Gobierno para que preste su consentimiento. "[E]sta interpretación resulta adecuada, ya que la acumulación de requisitos que persiguen la misma finalidad carece de sentido (…) y además resulta más respetuosa con el status de los diputados, que no ven afectada su posición sin que el Reglamento Parlamentario lo prevea de manera expresa (…). Sin duda, la práctica parlamentaria de la Cámara Alta resulta más respetuosa con la posición que la Constitución atribuye a las Cortes Genera-

se impone una superación de esta exégesis normativa que, además de suponer una nueva autolimitación cameral, no se compadece con la finalidad del veto presupuestario. Si con éste último se pretende preservar el equilibrio en las grandes cifras de los presupuestos, dicho efecto también se consigue a través de las enmiendas compensatorias o constructivas, no resultando necesario añadir, además, la conformidad gubernamental para su tramitación.

Dicho de otro modo, concibiendo el veto como un mecanismo de defensa de las líneas generales de la política económica del Gobierno que subyace en los estados numéricos globales de los presupuestos, bastaría entonces con este tipo de enmiendas que, al prever una compensación en los créditos, no afectaría a su cuantía total[50]. Lo

---

les en la elaboración y aprobación de los Presupuestos Generales del Estado" [Gómez Corona, E.: "Las potestades financieras...", op. cit., pp. 7 y 8 (versión electrónica)].

50 Siguiendo a Cazorla Prieto, "[l]a finalidad de la conformidad del Gobierno es que éste pueda mantener la dirección de la política presupuestaria y la responsabilidad en la gestión y alcance del gasto público. Dicha finalidad se cumple en el caso presente por medio de la fórmula constructiva a la que tienen que acudir estas enmiendas. Sin embargo, existe un uso interpretativo consolidado —de gran fuerza vinculante en el Derecho Parlamentario— del artículo 133.3 del Reglamento, en virtud del cual se consulta al Gobierno por lo que se admite implícitamente la necesidad de su conformidad; lo cual, en definitiva, redunda en una autolimitación de las Cámaras en materia presupuestaria" (Cazorla Prieto, L. M.: "Las Cortes Generales ante los proyectos de ley de Presupuestos Generales del Estado", *Revista de las Cortes Generales*, nº 3, 1984, pp. 81-83). En este mismo sentido, Martínez Lago, M. A.: *Manual de Derecho Presupuestario*, Colex, Madrid, 1992, p. 90.

contrario llevaría a la ineficiencia de prever dos figuras —el veto presupuestario y las enmiendas constructivas o compensatorias— que, en definitiva, sirven a una finalidad análoga. Abocando, además, en una mayor precariedad de la posición del Parlamento, cuyas enmiendas que implicasen un aumento del gasto terminarían sujetas a un doble requisito para su simple admisión a trámite: la rebaja de otro crédito en la misma sección del presupuesto y la conformidad gubernamental.

Así pues, las enmiendas constructivas deberían configurarse como una alternativa al veto presupuestario del Ejecutivo, excluyendo su aplicación cuando quien proponga incrementar un crédito en el proyecto de Ley de Presupuestos Generales del Estado —o crear uno no previsto en el mismo— tenga que señalar aquél otro que haya de minorarse, dentro de la misma sección, para alcanzar la oportuna compensación. Y es que en tales casos no puede hablarse, en puridad, de un aumento de la cifra global de gasto de los presupuestos[51].

Por tanto, si opera la conformidad gubernamental para la tramitación de esta clase de enmiendas, no hay razones para demandar su conformación constructiva. Es más, no

---

51 Para Martínez Lago, “el sentido común llevaría a pensar que la utilización de la técnica constructiva debe excluir el requisito de la conformidad gubernamental, entre otras razones porque, en rigor, siempre que una enmienda con tales implicaciones financieras se presente compensada, no habrá ningún aumento de gasto respecto de las cifras globales que fueron aprobadas por el Pleno del Congreso de los Diputados al efectuar el debate de totalidad” (Martínez Lago, M. A.: “Las limitaciones…”, op. cit., p. 110).

previéndolo la Carta Magna, ello entraña una limitación de la iniciativa legislativa de las Cámaras que mal cohonesta con la interpretación restrictiva que ha de darse a las normas que incidan negativamente sobre el *ius in officium* de los representantes electos. De modo que esa costumbre parlamentaria de exigir, además de la anuencia del Ejecutivo a la enmienda, la compensación del incremento del crédito, podría ir más allá incluso de su consideración como *praeter constitutionem.*

No obstante, la fórmula de las enmiendas constructivas resultaría más respetuosa con los derechos y facultades de los parlamentarios en el seno del procedimiento legislativo presupuestario que el propio veto gubernamental, al permitirles plantear otras opciones de política económica sin que se produzca desajuste alguno de los estados numéricos totales[52]. ¿Podría sortearse la conformidad del Ejecutivo constitucionalmente prevista en el artículo 134.6, por ende, a través del recurso a las enmiendas compensatorias?

Realmente, si este tipo de enmiendas realiza la misma función que el veto, al mantener el equilibrio presupuestario en términos globales, ¿por qué exigir su simultaneidad? A mayor abundamiento, cabría entender que las enmiendas compensatorias no implican, *stricto sensu,* un aumento del crédito presupuestario, precisamente porque en ellas se prevé una baja de igual cuantía en otro de la misma sección. De esta forma, podría interpretarse que,

---

52 Redondo García, A. M.: "El derecho de enmienda como instrumento de integración del pluralismo político en la fase central de los procedimientos legislativos de las Cortes Generales", *Revista de Derecho Político*, 50, 2001, p. 213.

en puridad, no se produce un aumento del gasto —íntegramente considerado—, por lo que tampoco concurriría el presupuesto habilitante para la aplicación del artículo 134.6 de la Constitución[53].

Estas enmiendas no afectan, *de facto*, a las líneas maestras de la política económica del Ejecutivo, porque exigen la compensación de ese mayor gasto dentro de la correspondiente sección del presupuesto. Así pues, la alteración no sería nunca de tal entidad —cuantitativa ni cualitativa— que supusiera un vaciamiento del contenido de la propuesta del Gobierno, al conservar los grandes números y respetar, en esencia, la senda inicialmente trazada por éste último.

Además, en cualquier caso esta técnica constructiva permitiría tan sólo que la enmienda se admitiese a trámite sin la necesidad de contar con la conformidad del Ejecutivo. Otra cosa es que, finalmente, se acabe aprobando. Pero de esta forma se fomentaría un mayor debate político en la aprobación de los presupuestos, salvando el obstáculo en que puede convertirse el veto gubernamental a tales efectos. Y siempre sin incidir sustantivamente en la hoja de ruta plasmada por el Ejecutivo en su proyecto de ley.

Sin embargo, de admitirse la intercambiabilidad del veto y las enmiendas compensatorias, el problema residi-

---

[53] De nuevo advierte Martínez Lago que "si la enmienda se presenta «compensada» (aumento propuesto = baja en la misma sección), entonces no hay incremento ninguno del gasto, por lo que el Gobierno no debería ser consultado" (Martínez Lago, M. A.: *Derecho presupuestario español y de la Unión Europea*, 2021/2022, p. 199).

ría entonces en qué lectura realizar del inciso "además de cumplir los requisitos generales", recogido los reglamentos del Congreso y del Senado. Porque precisamente es esta previsión la que propicia que se entienda incluida, dentro de esas condiciones genéricas, la conformidad del Gobierno[54]. De lo contrario, ¿a qué otras exigencias estarían haciendo referencia dichas normas?

En este punto, quizás cabría entender que los reglamentos de las Cámaras están aludiendo, simplemente, a los requisitos de orden formal previstos para la presentación de enmiendas, dentro de la regulación general del procedimiento legislativo. De un lado, el artículo 110.1 del Reglamento del Congreso establece un plazo de quince días desde la publicación del proyecto de ley para la formulación de enmiendas, mediante escrito dirigido a la Mesa de la Comisión. De otro lado, el artículo 107 del Reglamento del Senado dispone, en sus apartados primero

---

54 *Ibídem*, p. 199. Jiménez Díaz considera, en cambio, que para las enmiendas que impliquen incremento de gastos no se requiere la conformidad del Gobierno, dado que se impone la técnica de las enmiendas constructivas o compensatorias, "esto es, la necesidad de que el enmendante que propone incrementar un determinado crédito presupuestario o crear uno nuevo no previsto en el proyecto de Ley de PGE (alta), identifique el crédito que ha de minorarse para compensar el incremento de gasto (baja) dentro de la misma Sección. Ello equivale a decir dentro del presupuesto del mismo Departamento ministerial, aunque no siempre las Secciones coinciden con un Departamento ministerial o se refieren al mismo. De ese modo, alta y baja se compensan y el importe total de los créditos de la Sección de que se trate no sufre modificación alguna" (Jiménez Díaz, A.: "El derecho de enmienda...", op. cit., p. 461).

y segundo, que las enmiendas podrán presentarse dentro de los diez días siguientes al de la publicación del proyecto, debiendo formalizarse por escrito y con justificación explicativa.

De hecho, una exégesis sistemática de los reglamentos de las Cámaras respaldaría esta última tesis, sobre todo si se atiende al orden de las previsiones normativas. En efecto, nótese que en ambos textos la exigencia de la conformidad gubernamental se sitúa en un apartado o artículo posterior al relativo a las enmiendas compensatorias, por lo que no resultaría lógica la remisión a un requisito que no ha sido explicitado todavía por los propios reglamentos. En cambio, las exigencias de tiempo y forma para la formulación de enmiendas sí aparecen recogidas previamente en las normas, de manera que aquí dicho reenvío sí adquiere pleno sentido.

A fortiori, la literalidad del Reglamento del Congreso invita a pensar que la voluntad original de la Cámara era la de distinguir claramente los requisitos aplicables a las enmiendas al proyecto de Ley de Presupuestos Generales del Estado, en función de si éstas suponen un aumento de créditos o una disminución de ingresos. Esto explicaría que se recojan en dos apartados distintos, contemplando la técnica de la compensación para las primeras y la conformidad gubernamental para las segundas. Ésta última se configura por la norma reglamentaria como una exigencia específica para las enmiendas minorativas de los ingresos, resultando muy forzada su inclusión dentro de esos denominados “requisitos generales”.

A lo que se añade esa interpretación teleológica, apuntada previamente, que desprovee de sentido a la acumulación de dos figuras, como el veto y la enmienda constructiva, que responden a un objetivo análogo: la salvaguardia de los estados globales del presupuesto y, en consecuencia, de la esencia de la política económica del Ejecutivo que está en la base de aquellos. Por consiguiente, bastaría entonces con que la enmienda contenga una compensación del incremento del crédito para que esas cifras totales no se vean afectadas, deviniendo innecesaria la aquiescencia del Gobierno para su tramitación.

Asimismo, habría que plantearse si las enmiendas al articulado del proyecto de ley de presupuestos que puedan entrañar un incremento del gasto también deben formularse de forma constructiva. Nada especifica el reglamento al respecto pero, por lógica, resulta harto complicado —si no imposible— concretar apriorísticamente el efecto presupuestario de esa clase de enmiendas, en relación con el *quantum* y quizás también con respecto a la sección afectada. Lo que dificulta —o impide— que se proponga la correlativa disminución del crédito en la oportuna sección.

En tales supuestos, la solución pasa por no demandar esa formulación compensatoria de la enmienda y acudir a la conformidad gubernamental para su admisión a trámite. Lo cual resulta más coherente y asumible desde una perspectiva técnica, manteniéndose igualmente incólume la defensa del equilibrio en las cuantías globales de los estados de los presupuestos —y, por extensión, en las cifras totales previamente fijadas en el debate de totalidad—[55].

---

55 Según Jiménez Díaz, "[e]l Reglamento parece dar por sentado que sólo las enmiendas presentadas a las Secciones tienen inci-

dencia en el gasto, de modo que no contempla la necesidad de compensación cuando las enmiendas se refieren al articulado. Por supuesto, puede pensarse que, simplemente, el Reglamento reconoce sin límites el derecho de enmienda cuando se trata del articulado. Sin embargo, ello no es congruente con el resto de los preceptos reglamentarios que son especialmente puntillosos en su afán de impedir el incremento del gasto. Siendo ello así, no es coherente pensar que a los autores del Reglamento les resultaba indiferente que las enmiendas al articulado supusieran mayores gastos. En todo caso, la presentación de enmiendas al articulado del proyecto de Ley de PGE planteó a la Mesa de la Comisión de Presupuestos la siguiente cuestión: qué hacer con tales enmiendas cuando las mismas implicaban mayor gasto. La solución a ese dilema vino dada con la calificación de dichas enmiendas como enmiendas que suponían incremento de gasto y su remisión al Gobierno para que éste manifestase su conformidad o no con la admisión a trámite de las mismas. Se trataba de exigir también la conformidad del Gobierno para tramitar las enmiendas presentadas en el curso del debate presupuestario a las que, por tratarse de enmiendas al articulado, no les sería de aplicación la regla de la compensación que impone el artículo 133 RCD, a pesar de suponer mayor gasto. A este respecto debe tenerse en cuenta que en la medida en que la enmienda constructiva o compensatoria no solucionaba el problema de las enmiendas presentadas al articulado que implicaban incremento de gasto, la Mesa de la Comisión de Presupuestos debía adoptar una de estas dos decisiones: la primera pasaba por considerarlas inadmisibles a trámite, toda vez que implicaban incremento de gasto sin compensación alguna. La segunda consistía en resolver como finalmente se ha hecho, esto es, admitiéndolas provisionalmente a trámite y remitiéndolas al Gobierno, en una solución que se inspira en lo dispuesto en los artículos 111 y 126 RCD y que supone la aplicación de lo dispuesto en el artículo 134.6 CE también a las enmiendas formuladas en el curso del procedimiento presupuestario" (*Ibídem*, pp. 463-464).

2.3. *El procedimiento para el ejercicio del veto y las vías de impugnación*

Finalmente, hay que ahondar en el régimen procedimental del veto presupuestario previsto en los reglamentos parlamentarios, lo que nos conducirá también al análisis de los cauces jurídicos mediante los que cabe articular la resolución de las controversias derivadas de su ejercicio.

Pues bien, dentro de este *iter* procedimental del veto pueden destacarse dos momentos diferenciados. El primero hace referencia a la remisión al Gobierno de la enmienda o proposición, debiendo abordar si resulta necesario el traslado de todas y cada una de ellas o, únicamente, las que tengan repercusiones presupuestarias —y, en este último supuesto, determinar quién es el órgano competente para decidir si acaece dicha circunstancia—.

En este sentido, hay que distinguir la regulación del veto en el Reglamento del Congreso de la prevista en el del Senado. Por lo que respecta a la Cámara Baja, el artículo 111 ordena que se remitan al Gobierno las enmiendas que, a juicio de la Ponencia encargada de redactar el informe, supongan un aumento de los créditos o una disminución de los ingresos presupuestarios. Por tanto, sólo se exige el traslado al Ejecutivo de aquellas enmiendas que, para dicho órgano parlamentario, presenten esa afectación presupuestaria, si bien se admite que, de no haber sido consultado, aquél pueda manifestar su disconformidad en cualquier instante de la tramitación.

Sin embargo, con respecto a las proposiciones de ley el artículo 126.2 del reglamento establece que, "[e]jercitada la iniciativa, la Mesa del Congreso ordenará la publicación de la proposición de ley y su remisión al Gobierno para que manifieste su criterio respecto a la toma en consideración, así como su conformidad o no a la tramitación si implicara aumento de los créditos o disminución de los ingresos presupuestarios". Tal como está redactado el precepto, podría interpretarse la obligatoriedad de enviar al Ejecutivo cualquier proposición de ley para que sea éste quien estime si existe esa incidencia presupuestaria y, en consecuencia, se pronuncie sobre ella.

Éste viene a ser, asimismo, el sentido que se desliza del tratamiento procedimental del veto en el Reglamento del Senado, cuyo artículo 151.1 señala que "[t]oda proposición de ley presentada en el Senado será remitida de inmediato al Gobierno para que, al amparo del artículo 134.6 de la Constitución, pueda manifestar su conformidad o disconformidad con su tramitación, si en su opinión supusiese aumento de los créditos o disminución de los ingresos presupuestarios". Añadiendo en su apartado segundo que, finalizado el plazo de presentación de enmiendas, éstas serán remitidas de inmediato al Ejecutivo a los mismos efectos.

Por tanto, únicamente en relación con las enmiendas formuladas en el Congreso se contempla expresamente la facultad de que el correspondiente órgano parlamentario determine cuáles trasladará al Gobierno por su repercusión presupuestaria[56], salvo que se realice una exégesis

---

[56] Martínez Lago sugiere "la necesidad de reformar el Reglamento del Congreso en este punto para que sean todas las enmiendas las que se presenten al Gobierno con el fin de que el mismo decida dando o no su conformidad, por supuesto razonadamente,

extensiva —¿y forzada?— de esta previsión que la termine proyectando, también, a las proposiciones de ley. Pero, en todo caso, parece incontestable que, en el Senado, cualquier proposición o enmienda debe pasar por el Ejecutivo, sin que la Cámara pueda obviar este trámite sobre la base de la ausencia de afectación presupuestaria alguna.

La cuestión no es baladí, puesto que si se residencia en las Cámaras la decisión sobre qué enmiendas o proposiciones deben remitirse al Gobierno, se les estaría reconociendo un cierto control previo del veto presupuestario. Y ello porque les permitiría pronunciarse sobre su premisa última —ésta es, el aumento del gasto o la disminución de los ingresos dimanantes de la oportuna iniciativa legislativa—, de modo que si se concluyera su inexistencia se estaría dificultando —si no impidiendo— el ejercicio de esta facultad gubernamental. De todos modos, esta discrecionalidad tan sólo se contempla expresamente por el Reglamento del Congreso en relación con las enmiendas con incidencia presupuestaria, permitiéndose además al Gobierno manifestar su disconformidad en cualquier momento de la tramitación, cuando no hubiese sido consultado.

El segundo momento procedimental del veto presupuestario se correspondería con su propio ejercicio —o, más exactamente, con las actuaciones subsiguientes al mismo—, lo que enlaza directamente con las cuestiones relativas a la discrecionalidad del Ejecutivo y al alcance del control de las Cámaras a tales efectos. Adviértase que,

---

a las que le parezca oportuno" (Martínez Lago, M. A.: "Las limitaciones...", op. cit., p. 104).

en este punto, nos circunscribiremos a dejar planteada la problemática para, ulteriormente, tratar la posición del Tribunal Constitucional a la luz de su última doctrina sobre el veto.

De este modo, si el Gobierno manifiesta su disconformidad con una iniciativa legislativa por su repercusión presupuestaria, la Mesa de la Cámara adoptará un acuerdo acogiendo o rechazando dicho criterio. En el primer caso, se comunicará la improcedencia de la toma en consideración por el Pleno de la proposición de ley al grupo parlamentario autor de la misma, quien podrá presentar una solicitud de reconsideración a la Mesa. Si ésta última es desestimada, los miembros de la Cámara pueden entonces recurrir en amparo los acuerdos de la Mesa, alegando una infracción del artículo 23 de la Constitución. La confirmación por la Mesa de la disconformidad del Ejecutivo impide, pues, el debate parlamentario de la proposición —o, *mutatis mutandis*, de la enmienda—, abriéndose la vía del amparo por vulneración del *ius in officium* de los representantes políticos[57].

En el segundo supuesto, la Mesa rechazará la disconformidad gubernamental y admitirá la toma en consideración por el Pleno de la proposición de ley. Aquí el Ejecutivo puede requerir a la Cámara la revocación del acuerdo de la Mesa, pero si ésta se ratifica, aquél puede interponer ya un conflicto de atribuciones ante el Tribunal Constitucional, por menoscabo de la facultad de veto —sin perjuicio de que también quepa la opción de esperarse a la

---

57 García Morillo, J. y Pérez Tremps, P.: "Legislativo vs. Ejecutivo…", op. cit., p. 26.

aprobación de la oportuna ley y presentar un recurso de inconstitucionalidad por violación del artículo 134.6 de la Carta Magna—[58].

En este caso, se produciría un conflicto entre órganos constitucionales[59] que opondría al Gobierno con el Congreso o el Senado, al considerar aquél que las decisiones de las Cámaras contrarias al ejercicio del veto presupuestario invaden sus competencias. De esta forma, el Ejecutivo deberá solicitar a la Cámara correspondiente su revocación dentro del mes siguiente y, si la misma se reafirmase en la corrección de su actuación, o bien no rectificase en el plazo de un mes desde el requerimiento, podrá plantear conflicto ante el Tribunal Constitucional, especificando los preceptos vulnerados y formulando las alegaciones oportunas. Éste último dará traslado del escrito a la Cámara —así como a los demás órganos legitimados para promover este proceso— a fin de que pueda personarse y alegar en el plazo de un mes, resolviendo mediante sentencia en la que se determinará a quién corresponden las atribuciones constitucionales controvertidas; además, en el supuesto de concluirse la invasión competencial, declarará la nulidad de los actos ejecutados y decidirá lo que proceda sobre las situaciones jurídicas producidas al amparo de los mismos[60].

---

58 Martínez Lago, M. A.: "Las restricciones…", op. cit., p. 5.

59 Véanse los artículos 73 a 75 de la Ley Orgánica 2/1979, de 3 de octubre, del Tribunal Constitucional.

60 Para García Morillo y Pérez Tremps, "el planteamiento de un conflicto interinstitucional obedece, sin duda, al deseo de un determinado órgano, que siente invadidas sus competencias, por resguardar lo que considera sus atribuciones; pero tiene

Tal como afirmó el máximo intérprete constitucional, este conflicto de atribuciones es un proceso particular y especialísimo que puede entablarse exclusivamente entre determinados órganos —concretamente, Gobierno, Congreso, Senado o Consejo General del Poder Judicial— y que tiene por objeto principal una reivindicación de competencia suscitada por uno de ellos a consecuencia de actos o decisiones de otro. Así pues, dicha *vindicatio potestatis* solo puede referirse a actos constitutivos de invasión competencial y pretende clarificar a qué órgano corresponden las atribuciones constitucionales discutidas. Se trata de un cauce reparador —no preventivo—, por lo que sólo

---

también un componente objetivo, consistente en la conveniencia, y aún la necesidad, de salvaguardar el orden competencial constitucional y legalmente establecido, cuya vulneración significaría una inadmisible conculcación del ordenamiento y una alteración de la asignación de funciones concretas a órganos específicos. La defensa de las propias competencias por parte de los diferentes órganos es, por eso, una actuación que, más allá de su finalidad primaria, obviamente consistente en la salvaguarda de los poderes específicos de cada órgano, atiende a proteger el equilibrio de poderes constitucional y legalmente consagrado, un equilibrio sin el cual todo el entero edificio institucional se resentiría, ya que quedaría sembrada la confusión respecto de a qué concreto órgano corresponde cada función. El ejercicio de las propias funciones no es sólo, pues, un derecho: es, también, y quizá sobre todo, un deber encaminado a conseguir el adecuado funcionamiento de las instituciones y la adecuada satisfacción de los intereses de los ciudadanos. De ahí que en el Estado constitucional se entienda que la competencia es irrenunciable" (García Morillo, J. y Pérez Tremps, P.: "Legislativo vs. Ejecutivo...", op. cit., p. 14).

indirectamente puede tener efectos impugnatorios sobre los actos ejecutados mediante esa injerencia[61].

Inicialmente, el Tribunal Constitucional consideraba que este tipo de procesos se dirigía a ventilar, exclusivamente, una auténtica usurpación de atribuciones y no sólo el simple menoscabo de competencias ajenas[62]. Sin embargo, con posterioridad suavizó esta posición, al no exigir un estricto ejercicio de atribuciones impropias y considerar suficiente que se lesionase alguna facultad constitucionalmente otorgada al órgano afectado[63].

Proyectado sobre el veto presupuestario, el conflicto no se produce porque la Cámara se haya apropiado del mismo, sino simplemente debido a que las decisiones de la Mesa impiden al Gobierno hacer uso de la atribución del artículo 134.6 de la Carta Magna. Lo que implicaría ya una actuación hipotéticamente invasora, al frustrar el ejercicio de una competencia constitucional del Ejecutivo. En suma, la Cámara no se arroga la potestad contenida en dicho precepto, pero sí cercena el contenido material de esa facultad gubernamental[64].

Por tanto, el Tribunal Constitucional acaba extendiendo el ámbito de aplicación de esta clase de procesos, pasando de la estricta invasión o usurpación de atribuciones

---

61 Sentencia del Tribunal Constitucional 45/1986, de 17 de abril, Fundamento Jurídico primero (ECLI:ES:TC:1986:45).

62 *Ibídem*, Fundamento Jurídico cuarto.

63 Sentencia del Tribunal Constitucional 234/2000, de 3 de octubre, Fundamento Jurídico quinto (ECLI:ES:TC:2000:234).

64 Sentencia del Tribunal Constitucional 34/2018, de 12 de abril, Fundamento Jurídico tercero (ECLI:ES:TC:2018:34).

ajenas al mero menoscabo de éstas últimas. De esta manera, los acuerdos de la Mesa que no acepten la disconformidad gubernamental con la tramitación de una iniciativa legislativa encajan perfectamente en el objeto del conflicto entre órganos constitucionales[65].

Más forzado parece que el rechazo parlamentario al veto del Ejecutivo pudiera afectar a un hipotético *ius in officium* de los miembros del Gobierno y, por ende, que éstos estuviesen legitimados para interponer un recurso de amparo por vulneración del artículo 23.2 de la Constitución. Aun cuando la disconformidad a la tramitación de enmiendas o proposiciones de ley con incidencia presupuestaria constituya una facultad del Ejecutivo, resulta cuestionable que forme parte del haz de derechos que corresponde a sus integrantes por su condición de cargo público. Se trata, más bien, de una potestad conferida constitucionalmente al Gobierno en su conjunto, de forma que el cauce oportuno para atacar la discrepancia de las Cámaras con el veto presupuestario sería el referido conflicto de atribuciones, ante ese eventual menoscabo de sus funciones. Y ello porque la decisión de la Mesa afecta al Ejecutivo, como órgano político, pero no a sus miembros, individualmente considerados: es la función de gobierno la que, de forma colegiada, resultaría comprometida, sin que se incida estrictamente en el estatus jurídico particular de quienes lo componen[66].

---

65 Sentencia del Tribunal Constitucional 44/2018, de 26 de abril, Fundamento Jurídico segundo (ECLI:ES:TC:2018:44).

66 En cambio, a juicio de García Morillo y Pérez Tremps, "no es sólo que se incluya la potestad de negar la conformidad para impe-

En cualquier caso, más allá de que posteriormente se aborde en profundidad —a la luz de la última doctrina del Tribunal Constitucional— el margen de que dispone el Legislativo para atender o desatender el veto gubernamental, parece claro que los correspondientes acuerdos de la Mesa no pueden catalogarse como *interna corpori acta*. Ni, en consecuencia, defenderse su naturaleza no impugnable sobre la base de dicha calificación.

Ciertamente, los actos parlamentarios internos son aquellos que sólo despliegan efectos *ad intra* —esto es, en el seno de la propia Cámara—, careciendo de relevancia jurídica externa. Esto implica que devengan irrecurribles, al objeto de respetar la autonomía de las Cámaras en cuanto a su autoorganización y funcionamiento propio, salvo que contravengan los derechos fundamentales o las libertades públicas[67].

---

dir la tramitación de una Proposición de Ley en el conjunto de facultades que «corresponden» al ejecutivo y, por tanto, integre dicha facultad en el *ius ad officium* de quienes acceden a los cargos públicos de ese mismo ejecutivo (…). Siendo el consagrado en el art. 23.2 de la Constitución un derecho de configuración legal, las normas que lo configuran, ni más ni menos que estatutarias y legales, integran en dicho derecho como una auténtica atribución la que aquí nos ocupa. La vulneración, constreñimiento o desconocimiento de dicha atribución supone, por eso, una vulneración del *ius ad officium* de los miembros del ejecutivo y, por lo mismo, una violación del derecho fundamental al ejercicio del cargo público consagrado en el art. 23.2 de la Constitución" (García Morillo, J. y Pérez Tremps, P.: "Legislativo vs. Ejecutivo…", op. cit., pp. 27 y 28).

67 Sentencia del Tribunal Constitucional 161/1988, de 20 de septiembre, Fundamento Jurídico tercero (ECLI:ES:TC:1988:161).

Pues bien, el pronunciamiento de la Mesa sobre la disconformidad del Gobierno con la iniciativa legislativa por sus repercusiones presupuestarias excede, notoriamente, del ámbito estrictamente interno. Dichos actos se proyectan sobre las relaciones entre las Cámaras y el Ejecutivo, incidiendo sobre la facultad de veto constitucionalmente otorgada a este último. Además, pueden afectar también al *ius in officium* de los parlamentarios, cuando la Mesa siga el criterio del Gobierno y no se tramite la enmienda o proposición de ley. Por ello, cabe su revisión por el Tribunal Constitucional, a través de la interposición de un conflicto de atribuciones, o bien de un recurso de amparo, según corresponda[68].

---

[68] En este sentido, afirma Marrero-García Rojo que "cuando el órgano parlamentario conoce de tal decisión gubernamental debe enfrentarse, de acuerdo con la doctrina constitucional, a la resolución de un posible conflicto entre el ejercicio de un derecho fundamental por los parlamentarios que suscriben la enmienda o la proposición de ley (o que formen parte del grupo parlamentario formulante) y el ejercicio de una facultad que se le reconoce al Gobierno en el marco de un determinado sistema de relaciones con el Parlamento (...) Estamos, pues, ante un acto parlamentario, ante un acto del Parlamento dictado en el ámbito propio de sus esenciales funciones características (en este caso, las legislativas), pero que tiene relevancia externa a la Cámara y sus miembros (en este caso, por afectar al Gobierno)" (Marrero-García Rojo, A.: "El control del ejercicio...", op. cit., p. 345, 350 y 351).

3. EL VETO PRESUPUESTARIO EN LA NORMATIVA AUTONÓMICA

En el ámbito autonómico, el veto presupuestario se encuentra reconocido de forma generalizada. No obstante, únicamente tres Comunidades Autónomas —Andalucía, Extremadura y Comunidad Valenciana— lo prevén a nivel estatutario, con una redacción análoga, *mutatis mutandis*, a la del artículo 134.6 de la Constitución.

Así, en estos Estatutos de Autonomía se requiere la conformidad del respectivo gobierno autonómico para la tramitación parlamentaria de proposiciones o enmiendas que supongan un aumento de los créditos o disminución de los ingresos presupuestarios[69]. Ahora bien, cabe destacar que la norma extremeña circunscribe el veto a las iniciativas legislativas que incidan en el presupuesto en curso, lo que casa con el posicionamiento actual del Tribunal Constitucional sobre el alcance de esta figura, como se verá más adelante[70].

---

69 Véanse los artículos 190.1 de la Ley Orgánica 2/2007, de 19 de marzo, de reforma del Estatuto de Autonomía para Andalucía; 78.7 de la Ley Orgánica 1/2011, de 28 de enero, de reforma del Estatuto de Autonomía de la Comunidad Autónoma de Extremadura; y 76.1 de la Ley Orgánica 5/1982, de 1 de julio, de Estatuto de Autonomía de la Comunidad Valenciana (en su redacción dada por la Ley Orgánica 1/2006, de 10 de abril).

70 Artículo 78.7 de la Ley Orgánica 1/2011, de 28 de enero, de reforma del Estatuto de Autonomía de la Comunidad Autónoma de Extremadura: "La Asamblea de Extremadura no tramitará iniciativas legislativas ni enmiendas que supongan para el ejercicio corriente aumento de gastos o disminución de ingresos sin

Estas previsiones estatutarias se hallan desarrolladas en los reglamentos de las correspondientes asambleas legislativas, que es donde, a su vez, las demás Comunidades Autónomas han establecido el mecanismo del veto presupuestario. En estos últimos supuestos, no parece que dicha regulación reglamentaria suponga una extralimitación normativa, a pesar del silencio del resto de Estatutos de Autonomía en torno al veto[71].

Pues bien, varias son las notas que cabría destacar del régimen jurídico autonómico del veto presupuestario. La primera es que, en la mayoría de los casos, se contiene un tratamiento más detallado que en la esfera estatal, sobre todo en lo que respecta a la vertiente procedimental. En segundo lugar, la regulación también se aproxima, en algunas de estas normas, a lo que hoy en día constituye la doctrina constitucional sobre el veto, por ejemplo en lo que concierne a la exigencia de que se proyecte exclusivamente sobre el presupuesto vigente. Finalmente, buena parte de los reglamentos de las asambleas legislativas de las Comunidades Autónomas extienden expresamente la aplicabilidad del veto a la fase de aprobación de los presu-

---

contar previamente con la conformidad de la Junta de Extremadura".

71 En cambio, para Marrero García-Rojo, la regulación de la facultad de veto en los reglamentos parlamentarios autonómicos, sin que ello esté previsto en los Estatutos de Autonomía, genera serias dudas en torno a si tales normas constituyen el instrumento jurídico adecuado para introducir una figura que, por definición, comporta importantes restricciones a la función legislativa de las Asambleas autonómicas (Marrero-García Rojo, A.: "El control del ejercicio…", op. cit., pp. 341).

puestos, pero otras abogan por la técnica de las enmiendas constructivas o compensatorias.

En este contexto, se expondrán seguidamente los principales aspectos de la regulación reglamentaria del veto presupuestario en cada Comunidad Autónoma, al objeto de constatar sus diferentes particularidades. Para ello, será preciso examinar cómo se articula el procedimiento previsto, en las respectivas normas parlamentarias, para que los distintos gobiernos autonómicos manifiesten su conformidad o disconformidad con las proposiciones y enmiendas, incluidas en su caso las relativas a los propios presupuestos[72].

---

72 López Hernández clasifica los reglamentos parlamentarios en cuatro categorías: "[S]e puede identificar un primer grupo de reglamentos parlamentarios en los que se configura un régimen jurídico que distingue: - Si la enmienda supone aumento de créditos en algún concepto, en cuyo caso únicamente podrán ser admitidas a trámite si, además de cumplir los requisitos generales proponen una baja de igual cuantía en la misma sección. - Si la enmienda supone minoración de ingresos, en cuyo caso requerirá la conformidad del Gobierno para su tramitación. En este primer grupo se incluyen los reglamentos del Congreso y del Senado, siguiendo la misma línea los reglamentos de Castilla-La Mancha, Cantabria, Asturias, Aragón, País Vasco, Castilla y León, Galicia, La Rioja y Comunidad Valenciana (...). Existe un segundo grupo de reglamentos parlamentarios que admitiendo modificaciones tanto en los ingresos como en los gastos, no admiten alteración de las cifras globales de los estados de presupuestos. En este sentido, no permiten una enmienda que pueda suponga *(sic.)* minoración de ingresos, si no se produce el incremento de los ingresos con carácter compensatorio (...). A este segundo grupo de reglamentos se adscriben balear y canario (...). [A]parece un tercer grupo de reglamentos parlamentarios que

3.1. Andalucía

El artículo 115 del Reglamento del Parlamento de Andalucía dispone, en su apartado primero, que "[l]as enmiendas a un proyecto de ley que supongan aumento de los créditos o disminución de los ingresos del Presupuesto en vigor requerirán la conformidad del Consejo de Gobierno para su tramitación". Esta previsión se alinea con lo señalado en el artículo 190.1 del Estatuto de Autonomía, si bien añade la necesidad de que la afectación presupuestaria de la enmienda se refiera al mismo ejercicio.

A fortiori, los apartados 2 a 5 de dicho precepto ordenan el *iter* procedimental del veto. De este modo, la Mesa de la Comisión remitirá al Consejo de Gobierno, por medio de la Presidencia del Parlamento, las que supongan dicho aumento o disminución, debiendo aquél dar respuesta razonada en el plazo de quince días, en cuyo defecto se entenderá expresada la conformidad. De no haber sido consultado en forma, el Consejo de Gobierno podrá manifestar su disconformidad con la tramitación de la enmienda en cualquier momento del procedimiento. Además, si no coincidiesen en su interpretación el Consejo

---

no prevé modificaciones por vía de enmienda sobre los estados de ingresos del presupuesto, sometiendo sus enmiendas parciales a los estados de gastos al régimen de altas y bajas en los créditos. En este grupo se incardinan el catalán y el murciano (…). Luego existe un cuarto grupo de reglamentos parlamentarios que imponen la intervención gubernamental en enmiendas con afectación a los estados de gastos. Es el caso extremeño, navarro, madrileño y andaluz" (López Hernández, F. J.: "Los Presupuestos Generales y los límites a la función legislativa en España", *Parlamento y Constitución. Anuario*, nº 23, 2022, pp. 121 y ss.).

de Gobierno y la Mesa de la Comisión correspondiente, respecto a si la enmienda —de aprobarse— afectaría al Presupuesto en vigor, el Pleno decidirá tras un debate de los de totalidad.

Por su parte, el artículo 124 del reglamento regula el veto en relación con las proposiciones de ley, estableciendo su publicación por la Mesa del Parlamento, así como su remisión al Consejo de Gobierno para que manifieste su criterio respecto a la toma de consideración y, asimismo, su conformidad o no con la tramitación si implicara aumento de los créditos o disminución de los ingresos presupuestarios. Transcurridos quince días sin que el Consejo de Gobierno hubiera negado expresa y motivadamente su conformidad a la tramitación, la proposición de ley quedará en condiciones de ser incluida en el orden del día del Pleno para su toma en consideración. Igualmente se contempla, para los casos de discrepancias entre el Consejo de Gobierno y la Mesa del Parlamento sobre la incidencia de la proposición en el presupuesto en vigor, que sea el Pleno quien decida, tras un debate en el que intervendrán los distintos Grupos parlamentarios.

Por último, el artículo 131.2 indica que "[l]as enmiendas al proyecto de Ley de Presupuestos de la Comunidad Autónoma de Andalucía que supongan aumento de crédito en algún concepto únicamente podrán ser admitidas a trámite si, además de cumplir los requisitos generales, proponen una baja de igual cuantía en la misma sección". No obstante, la Resolución de la Presidencia de 19 de junio de 1996, sobre normas que regulan la tramitación y enmienda del proyecto de ley de presupuestos, añade el requisito de la conformidad gubernamental cuando el incremento de crédito en algún concepto de una sección se realice con cargo a un aumento admisible en las previsiones de ingresos o a una baja de igual cuantía en una sección presupuestaria distinta.

3.2. Aragón

El Reglamento de las Cortes de Aragón requiere, en su artículo 167, la conformidad del gobierno autonómico para la tramitación de aquellas enmiendas a un proyecto de ley que impliquen un aumento de los créditos o una disminución de los ingresos presupuestarios del ejercicio en curso. Así, la Mesa de la Comisión remitirá al Departamento competente en materia de hacienda, por conducto de la Presidencia de las Cortes, las que a su juicio pudieran tener ese efecto presupuestario, debiendo aquél contestar razonadamente en el plazo de siete días —en caso de silencio, se considera prestada la conformidad—. Además, las posibles discrepancias existentes con el criterio del gobierno serán resueltas por la Ponencia.

De otro lado, el artículo 180.1 del reglamento también ordena a la Mesa de las Cortes la remisión a la Diputación General de las proposiciones de ley "para que, en el plazo de veinte días, manifieste su criterio no vinculante respecto a la toma de consideración, así como su conformidad o no a la tramitación si implicara aumento de los créditos o disminución de los ingresos presupuestarios del ejercicio en curso". En este sentido, su apartado tercero exige que la eventual disconformidad del gobierno autonómico sea razonada, recayendo en la Comisión competente en materia presupuestaria, en tal supuesto, la decisión sobre la tramitación de la proposición de ley. En cambio, transcurrido el plazo sin oposición expresa de la Diputación General, la proposición de ley quedará en condiciones de ser incluida en el orden del día del Pleno para su toma en consideración.

Finalmente, para las enmiendas al proyecto de ley de presupuestos, el artículo 193.2 establece un régimen dual: por una parte, aquéllas que supongan aumento de créditos deberán proponer una disminución de igual cuantía en la misma sección, además de cumplir los requisitos generales; por otra parte, las que impliquen una minoración de ingresos requerirán la conformidad del gobierno para su tramitación. Por consiguiente, las enmiendas constructivas y el veto se articulan como mecanismos alternativos —no acumulativos—, en función del tipo de afectación presupuestaria.

3.3. Asturias

De acuerdo con el artículo 150.1 del Reglamento de la Junta General del Principado de Asturias, "[l]as enmiendas a un proyecto de ley que supongan aumento de los créditos o disminución de los ingresos del Presupuesto vigente requerirán la conformidad del Consejo de Gobierno para su tramitación". En consecuencia, los apartados 2 a 5 del precepto establecen el procedimiento relativo al veto; en primer lugar, la Mesa de la Comisión habrá de remitir al gobierno autonómico las enmiendas que pudieran tener esa repercusión presupuestaria; en segundo lugar, el ejecutivo deberá dar respuesta razonada en el plazo de ocho días, transcurrido el cual opera la conformidad por silencio; en tercer lugar, cuando el Consejo de Gobierno no haya sido consultado en forma, éste podrá manifestar su disconformidad siempre que la enmienda no haya sido sometida a votación en el Pleno; y, en cuarto lugar, si la Mesa de la Comisión considera manifiestamente infundada la disconformidad gubernamental, el Pleno decidirá sobre la tramitación de la enmienda, a propuesta de la Mesa de la Cámara y previa audiencia de la Junta de Portavoces.

Con respecto a las proposiciones de ley, el artículo 163 del reglamento dispone que la Mesa de la Cámara las remita al Consejo de Gobierno "para que, en el plazo de diez días, manifieste su criterio respecto a la toma en consideración, así como su conformidad o no a la tramitación si implicara aumento de los créditos o disminución de los ingresos del Presupuesto vigente". El ejecutivo siempre deberá expresar su disconformidad de forma razonada en dicho lapso temporal, transcurrido el cual sin contestación gubernamental expresa la proposición de ley podrá ser incluida en el orden del día del Pleno para su toma en consideración. Ahora bien, la no conformidad del ejecutivo con la iniciativa legislativa por sus efectos presupuestarios "supondrá la terminación anticipada del procedimiento, a menos que la Mesa de la Cámara la considere manifiestamente infundada".

En último término, por lo que concierne a las enmiendas al proyecto de ley de presupuestos, el artículo 174.2 dispone que podrán presentarse enmiendas parciales —una vez fijadas las cuantías globales y sin que quepa su modificación— a la exposición de motivos, al articulado y a los créditos de las secciones del estado de gastos. Pues bien, “las que supongan aumento o disminución de créditos en algún concepto deberán proponer, respectivamente, una baja o alta de igual cuantía en la misma sección”, de manera que vuelve a acudirse a la técnica de la compensación en estos supuestos.

3.4. Baleares

El Reglamento del Parlamento de las Islas Baleares señala, en su artículo 126, que las enmiendas a un proyecto de ley que supongan un aumento de los créditos o una disminución de los ingresos presupuestarios requerirán la conformidad del gobierno autonómico para su tramitación. A tales efectos, la Mesa de la comisión correspondiente le remitirá, a través de la Presidencia del Parlamento, aquéllas que a su juicio presenten dicha incidencia en los presupuestos generales en curso, debiendo el ejecutivo contestar razonadamente en el plazo de quince días —el silencio equivale a conformidad—. En el supuesto de que no se hubiese consultado al gobierno, éste podrá dirigirse al Parlamento planteando el carácter modificativo de los presupuestos vigentes, cuyo Pleno decidirá tras un debate de los de totalidad.

Por otra parte, el artículo 139.3 ordena a la Mesa del Parlamento que remita al ejecutivo autonómico las proposiciones de ley para que éste manifieste —además de su criterio respecto de la toma en consideración— su conformidad o no a la tramitación si implicara aumento de los créditos o disminución de los ingresos presupuestarios. Añadiendo el apartado cuarto del precepto que, transcurridos quince días desde la notificación sin que el gobierno se hubiese opuesto expresamente, la proposición quedará en condiciones de ser incluida en el orden del día del Pleno para su toma en consideración.

Y, en relación con el proyecto de ley de presupuestos, el artículo 147.1 del reglamento establece que aquellas enmiendas "que supongan aumentos de crédito o modificación sustantiva y alternativa de ingresos sólo serán admitidas si, además de cumplir los requisitos generales, proponen el reajuste correspondiente". Es decir, se impone la figura de la enmienda constructiva para esta clase de alteraciones en la fase de aprobación de los propios presupuestos.

3.5. Canarias

Con arreglo a lo previsto en el artículo 131 del Reglamento del Parlamento de Canarias, "[l]as enmiendas a un proyecto de ley que supongan aumento de los créditos o disminución de los ingresos del presupuesto en vigor requerirán la conformidad del Gobierno para su tramitación". Cuando la Mesa de la comisión aprecie dicha circunstancia, se le remitirán por conducto de la Presidencia del Parlamento, entendiéndose prestada la conformidad si el ejecutivo autonómico no diera respuesta razonada en el plazo de quince días. Además, el gobierno podrá manifestar su disconformidad en cualquier momento de la tramitación si no hubiese sido consultado en forma. Y, en caso de discrepancia respecto a la implicación presupuestaria de las enmiendas, resolverá el Pleno de la Cámara tras un debate de los de primera lectura.

Para las proposiciones de ley, el artículo 140.2 del reglamento dispone que serán remitidas al ejecutivo por parte de la Mesa del Parlamento para que aquél "manifieste su criterio respecto a la toma en consideración, así como su conformidad o no a la tramitación si implicara aumento de los créditos o disminución de los ingresos presupuestarios". Cuando el gobierno autonómico no hubiese negado expresa y motivadamente su conformidad a la tramitación en el plazo de veinte días, la proposición de ley quedará en condiciones de ser incluida en el orden del día del Pleno para su toma en consideración, según el apartado cuarto del mismo precepto.

Por último, el artículo 145.5 prevé la técnica compensatoria para la admisión a trámite de las enmiendas al articulado del proyecto de ley de presupuestos que supongan aumento de crédito en algún concepto o modificación sustantiva y alternativa de ingresos, además del cumplimiento de los requisitos generales; en concreto, se exige que se proponga "una baja de igual cuantía en la misma sección, produciéndose la correspondiente modificación en los programas afectados". A mayor abundamiento, "la Mesa podrá acordar que dichas enmiendas se presenten obligatoriamente en una aplicación informática que los servicios de la Cámara pondrán a disposición de los grupos parlamentarios".

3.6. Cantabria

El Reglamento del Parlamento de Cantabria requiere, en su artículo 119, la conformidad del gobierno autonómico para la tramitación de las enmiendas a un proyecto de ley que tengan efectos presupuestarios. De este modo, la Mesa de la Comisión remitirá al ejecutivo, por conducto del Presidente del Parlamento, las que a su juicio puedan suponer un aumento de los créditos o minoración de los ingresos presupuestarios. El Gobierno tendrá que contestar razonadamente en el plazo de diez días, operando el silencio positivo en caso contrario; ahora bien, de no haber sido consultado en forma, podrá manifestar su disconformidad en cualquier momento de la tramitación. También se prevé que la Comisión correspondiente resuelva las diferencias interpretativas que puedan existir entre el ejecutivo y la Mesa en relación con la repercusión de la enmienda sobre el presupuesto en vigor.

En cuanto a las proposiciones de ley, la Mesa del Parlamento habrá de remitirlas al gobierno autonómico para que manifieste tanto su criterio respecto a la toma en consideración, como la conformidad o no con la tramitación si implicaran aumento de los créditos o disminución de los ingresos presupuestarios, *ex* artículo 129.2 del reglamento. Transcurridos quince días sin que el ejecutivo hubiera expresado y motivado su disconformidad, nada obstará a la inclusión de la proposición de ley en el orden del día del Pleno para su toma en consideración —apartado tercero—. Asimismo, las discrepancias entre el Gobierno y la Mesa de la Cámara en torno a la incidencia de la iniciativa legislativa sobre el presupuesto vigente serán dirimidas definitivamente por el Pleno —apartado cuarto—.

Finalmente, con respecto a las enmiendas al proyecto de ley de presupuestos se establece un régimen distinto en función de si entrañan un aumento de créditos o una minoración de ingresos. En el primer caso, su admisión a trámite se anuda a que se proponga una baja de igual cuantía en la misma sección, más allá del cumplimiento de los requisitos generales; en el segundo, se requiere la conformidad del gobierno para su tramitación —artículo 136.2 y 3—.

3.7. Castilla-La Mancha

De acuerdo con lo dispuesto en el artículo 134 del Reglamento de las Cortes de Castilla-La Mancha, la Mesa de la Cámara remitirá al Consejo de Gobierno aquellas enmiendas a un proyecto de ley que propongan aumento de créditos o disminución de ingresos presupuestarios, exigiéndose su conformidad para la tramitación de las mismas. El ejecutivo habrá de dar una respuesta razonada en el plazo de quince días, entendiéndose prestada dicha conformidad en su defecto. No obstante, cuando no haya sido consultado formalmente, podrá manifestar su disconformidad en cualquier momento de la tramitación de dichas enmiendas.

Por lo que concierne a las proposiciones de ley, el Presidente de las Cortes las trasladará al Consejo de Gobierno para que exprese su conformidad o no con la tramitación si implicaran un aumento de créditos o disminución de ingresos presupuestarios. Ante la falta de negativa expresa en los treinta días siguientes, la proposición de ley quedará en condiciones de ser incluida en el orden del día del Pleno para su toma en consideración, según el artículo 156 de la norma reglamentaria.

De otro lado, con respecto a las enmiendas al proyecto de ley de presupuestos, aquéllas "que supongan modificación de créditos en algún concepto, únicamente podrán ser admitidas a trámite si, además de cumplir los requisitos generales, proponen una modificación de igual cuantía y en sentido inverso en la misma Sección" —artículo 163.2—. En cambio, las que impliquen "minoración de créditos requerirán la conformidad del Consejo de Gobierno para su tramitación" —artículo 163.3—.

3.8. Castilla y León

El Reglamento de las Cortes de Castilla y León exige, en su artículo 112, la conformidad de la Junta para la tramitación de las enmiendas a un proyecto de ley que supongan un aumento de los créditos o disminución de los ingresos presupuestarios del ejercicio. A tales efectos, la Mesa de la Comisión remitirá al ejecutivo autonómico, por conducto del Presidente de las Cortes, las que a su juicio puedan tener esa incidencia presupuestaria. La Junta de Castilla y León dispondrá de un plazo de quince días para contestar motivadamente y, en caso de no hacerlo, se entenderá expresada su conformidad. Ahora bien, si se hubiese omitido dicha consulta, se faculta al ejecutivo para manifestar su disconformidad durante la tramitación de la enmienda.

Por otra parte, el artículo 122.2 del reglamento obliga a la Mesa de las Cortes a ordenar la publicación de las proposiciones de ley y trasladarlas a la Junta de Castilla y León "para que manifieste su criterio respecto a la toma en consideración, así como su conformidad o no a la tramitación si implicara aumento de los créditos o disminución de los ingresos presupuestarios del ejercicio". Añadiendo su apartado tercero que, si el ejecutivo no se pronunciase en los quince días siguientes, nada obstará a la inclusión de la proposición de ley en el orden del día del Pleno para su toma en consideración.

Por último, también se establece un régimen dual para la tramitación de las enmiendas al proyecto de ley de presupuestos. De un lado, cuando supongan aumento de créditos en algún concepto, se tendrá que proponer una baja de igual cuantía en la misma sección; de otro lado, en el supuesto de que conlleven una minoración de ingresos, la Junta deberá manifestar su conformidad.

3.9. Cataluña

Ex artículo 113.2 del Reglamento del Parlamento de Cataluña, cuando la Mesa de la Cámara considere que una proposición de ley "puede implicar un aumento de créditos o una disminución de ingresos, debe solicitar la conformidad previa del Gobierno para su admisión a trámite". En tales casos, se prevé un plazo de ocho días para que el ejecutivo ofrezca una respuesta motivada, en ausencia de la cual se entenderá otorgada aquélla. En este sentido, se especifica que no cabe una oposición gubernamental a la tramitación "si los efectos económicos que pueden derivarse han sido expresamente pospuestos para otro ejercicio presupuestario".

Además, el apartado tercero del precepto añade que, en el supuesto de que el Gobierno no haya sido consultado en forma, podrá manifestar motivadamente su disconformidad con la tramitación de la proposición de ley por razones presupuestarias hasta dos días antes del inicio del debate de totalidad, correspondiendo a la Mesa del Parlamento la decisión definitiva sobre su admisión.

En cuanto a las enmiendas a un proyecto o proposición de ley que comporten un aumento de los créditos o disminución de los ingresos presupuestarios, el artículo 119 de la norma reglamentaria establece la conformidad del Gobierno para su tramitación. La mesa de la comisión deberá enviar al Gobierno, mediante el presidente del Parlamento, las que considere que presentan esa repercusión para el presupuesto en curso, operando nuevamente el silencio positivo ante la falta de una respuesta razonada en el plazo de ocho días. Cuando la mesa no siga estas previsiones, el Gobierno puede dirigirse al Parlamento mediante un escrito motivado en el que plantee la incidencia de la enmienda en el presupuesto vigente, recayendo en la Mesa de la Cámara la decisión definitiva sobre su admisión.

Finalmente, el artículo 131.5 del reglamento se refiere a las enmiendas a cualquier artículo o disposición, o bien al estado de gastos del proyecto de ley de presupuestos, que conlleven aumento de créditos. Pues bien, su admisión a trámite se condiciona, además de a la observancia de los requisitos generales, a que simultáneamente se proponga "una baja de igual cuantía, como mínimo, en algún otro concepto del estado de gastos del mismo departamento del Gobierno (...)". En cambio, nada parece contemplarse para los casos en que la enmienda pueda llevar aparejada una disminución de los ingresos recogidos en el proyecto de presupuestos.

3.10. Comunidad Valenciana

El Reglamento de *Les Corts Valencianes*, en desarrollo de lo dispuesto en el artículo 76.1 del Estatuto de Autonomía, requiere la conformidad el ejecutivo autonómico para la tramitación de toda proposición o enmienda que suponga un aumento de los créditos o disminución de los ingresos presupuestarios.

En relación con las enmiendas a los proyectos de ley, el artículo 118 de la norma reglamentaria atribuye a la Mesa de la comisión, en el trámite de calificación, la remisión al *Consell*, por conducto de la Presidencia de *Les Corts*, de las que puedan tener ese efecto presupuestario, según su criterio. El ejecutivo tendrá que contestar razonadamente en el plazo de quince días, considerándose prestada la conformidad en otro caso. Asimismo, de no haber sido consultado en forma, el *Consell* podrá manifestar su disconformidad en cualquier momento de la tramitación, resolviendo la Mesa de *Les Corts Valencianes* si existiese alguna discrepancia.

Por lo que atañe a las proposiciones de ley, la Mesa de *Les Corts* ordenará su publicación y remisión al *Consell* para que exprese su criterio respecto a la toma en consideración, así como su conformidad o no con la tramitación si supusiera un incremento de los créditos o una reducción de los ingresos presupuestarios, de acuerdo con el artículo 129 del reglamento. Pues bien, cuando el ejecutivo autonómico se oponga a dicha tramitación, "la Mesa puede, en última instancia, acordar el sometimiento al Pleno de la toma en consideración de la proposición de ley". Sin embargo, cuando el *Consell* no se pronuncie expresamente al respecto, nada obstará a la inclusión de la proposición en el orden del día del Pleno para su toma en consideración.

Y, en lo que concierne a las enmiendas al proyecto de ley de presupuestos, el artículo 136 contempla que aquéllas que conlleven un aumento de crédito tan sólo podrán ser admitidas a trámite si, más allá del cumplimiento de los requisitos generales, se propone una baja de igual cuantía en la misma sección; por el contrario, las que impliquen una minoración de ingresos precisarán la conformidad del *Consell* para su tramitación.

3.11. Extremadura

Tal como se refirió previamente, el Estatuto de Autonomía extremeño condiciona a la previa conformidad del ejecutivo autonómico la tramitación de las iniciativas legislativas y enmiendas que supongan, para el ejercicio corriente, un aumento de gastos o una disminución de ingresos.

En consonancia con esta previsión normativa, el artículo 159 del Reglamento de la Asamblea de Extremadura dispone que la Mesa deberá remitir las propuestas de ley a la Junta y ésta comunicar, en el plazo de un mes desde la publicación, su conformidad o no a la tramitación si implicase incremento de créditos o minoración de los ingresos "del ejercicio presupuestario en curso", mediante respuesta razonada.

Del mismo modo, de acuerdo con el artículo 167 las enmiendas al articulado de un proyecto o propuesta de ley, con incidencia en el "presupuesto en vigor", también requerirán la conformidad del ejecutivo autonómico para su tramitación. La Mesa de la Comisión dará traslado de esta clase de enmiendas a la Junta de Extremadura a efectos de que responda en el plazo de quince días, entendiéndose expresada la conformidad en caso de silencio. No obstante, si el ejecutivo no hubiese sido consultado inicialmente, podrá manifestar su disconformidad en cualquier momento del procedimiento legislativo, cuando considere que la enmienda repercuta en el "ejercicio económico en curso".

Por último, cuando se trate de enmiendas al proyecto de ley de presupuestos, el artículo 185.3 de la norma reglamentaria prevé que aquéllas que modifiquen conceptos o partidas concretas dentro de una sección deberán —además de observar los requisitos generales— proponer una baja o alta de igual cuantía en la misma sección y no podrán "cambiar la fuente de financiación y, en su caso, el mismo porcentaje de cofinanciación, cuando esta financiación sea de carácter finalista y, por lo tanto, se pueda producir minoración de ingresos para la comunidad autónoma"; añadiendo el apartado cuarto que "las enmiendas al articulado que supongan aumento de los créditos o minoración de ingresos sólo podrán ser tramitadas previa conformidad de la Junta de Extremadura". Por tanto, el precepto parece imponer la técnica constructiva —junto a otras limitaciones— para las enmiendas a los estados de ingresos y gastos, reservando la conformidad gubernamental para las enmiendas a la parte dispositiva con afectación presupuestaria.

3.12. Galicia

El artículo 113 del Reglamento del Parlamento de Galicia exige la conformidad del ejecutivo autonómico para la tramitación de las enmiendas a un proyecto de ley que supongan un aumento de los créditos o una reducción de los ingresos presupuestarios. La Ponencia encargada de redactar el informe deberá remitirlas a la *Xunta*, por conducto de la Presidencia de la Cámara, articulándose un plazo de quince días para que aquélla otorgue una respuesta expresa y razonada o, en su defecto, su conformidad tácita. Además, si la Ponencia no hubiese consultado formalmente al ejecutivo, éste podrá manifestar su disconformidad en cualquier momento de la tramitación de la enmienda.

Ahora bien, cabe subrayar lo dispuesto en el último apartado del precepto, a cuyo tenor "[c]uando se trate de enmiendas que, aun implicando disminución de ingresos tributarios, no estuviesen sujetas a la conformidad de la *Xunta* para su tramitación, además de los requisitos de carácter general, deberán proponer una baja correlativa de los gastos". No parece fácil que una minoración de la recaudación tributaria no afecte en modo alguno al presupuesto, salvo que se esté pensando en incidencias futuras que, al no repercutir en el ejercicio en curso, no hicieran necesaria la conformidad gubernamental; pero incluso, en ese supuesto, tampoco tendría mucho sentido requerir el carácter compensatorio de la enmienda.

De otro lado, el artículo 123 también contempla el veto gubernamental para aquellas proposiciones de ley que tengan repercusión en el presupuesto en vigor. Así, la Mesa del Parlamento enviará la proposición de ley a la *Xunta* para que, en el plazo de quince días, manifieste su criterio respecto a la toma en consideración y su conformidad o no con la tramitación si implicase "aumento de los créditos o disminución de los ingresos presupuestarios del ejercicio". La falta de respuesta explícita comportará que la proposición quede en condiciones de ser incluida en el orden del día del Pleno.

Por su parte, el artículo 129 de la norma reglamentaria hace referencia, en sus apartados tercero y cuarto, a las enmiendas al proyecto de ley de presupuestos que supongan un incremento de créditos o una minoración de ingresos, respectivamente. Para las primeras se acude nuevamente a la técnica constructiva, anudándose su admisión a trámite a que se proponga una baja de igual cuantía en la misma sección, además del cumplimiento de los requisitos generales. En cambio, en relación con las segundas se prevé su remisión a la *Xunta* para que informe sobre las mismas en el plazo de quince días.

3.13. La Rioja

El Reglamento del Parlamento de La Rioja sí prevé la posibilidad de veto del ejecutivo autonómico para las proposiciones de ley con incidencia presupuestaria. En efecto, su artículo 108 dispone que la Mesa de la Cámara ordenará la publicación de la iniciativa legislativa y su evacuación al Gobierno para que exprese tanto su criterio respecto a la toma en consideración, como su conformidad o no con la tramitación si conllevara aumento de los créditos o disminución de los ingresos presupuestarios. La ausencia de una negativa gubernamental expresa en el plazo de diez días permitirá la inclusión de la proposición en el orden del día.

Por el contrario, no existe en la norma reglamentaria referencia alguna al veto en relación con las enmiendas a los proyectos de ley, salvo para aquéllas que se presenten a los presupuestos y que supongan una minoración de ingresos. En este último supuesto, el artículo 110.4 exige la conformidad del ejecutivo para su tramitación.

3.14. Madrid

El artículo 143 del Reglamento de la Asamblea de Madrid establece la necesaria conformidad del Consejo de Gobierno para la tramitación de las enmiendas al articulado de un proyecto de ley que lleven aparejado un aumento de los créditos o una disminución de los ingresos presupuestarios del ejercicio económico en curso. Será la Mesa de la Comisión competente la que, por conducto de la Presidencia de la Cámara, remitirá al ejecutivo autonómico las enmiendas concretas que a su juicio pudieran incurrir en tal supuesto, debiendo éste último contestar razonadamente en el plazo de quince días, puesto que en otro caso operará el silencio positivo. En caso de no haber sido consultado, el Consejo de Gobierno podrá expresar su disconformidad a la tramitación de dichas enmiendas a lo largo de todo el procedimiento legislativo.

A fortiori, el apartado cuarto del precepto habilita al Consejo de Gobierno para plantear, ante la Mesa de la Asamblea, su discrepancia acerca de la interpretación de la Mesa de la Comisión sobre la incidencia de la enmienda en el presupuesto vigente, en el plazo de siete días a partir de la notificación del acuerdo. La decisión última recaerá en la Mesa de la Cámara, cuya resolución motivada tendrá que ponderar las alegaciones del ejecutivo.

Por otro lado, el artículo 151 ordena el veto gubernamental con respecto a las proposiciones de ley con efectos presupuestarios en el ejercicio económico en curso. Una vez que la Mesa de la Asamblea remita la iniciativa legislativa al ejecutivo, éste dispondrá de quince días desde la notificación para expresar su conformidad o no con la tramitación, entendiéndose prestada en su defecto. En caso de que el Consejo de Gobierno manifestase su disconformidad y los autores de la proposición de ley discrepasen de la misma, "la Mesa de la Asamblea resolverá, mediante acuerdo debidamente motivado, determinando si el Gobierno ha ejercido su facultad dentro de los límites constitucionales y reglamentarios establecidos al efecto". Mientras que si fuese el Ejecutivo el que disintiera de la interpretación dada por la Mesa en torno a la repercusión presupuestaria de la iniciativa, podrá presentar su discrepancia ante la misma para que decida motivadamente en última instancia sobre su tramitación —apartados segundo a cuarto—.

Finalmente, las enmiendas al articulado o al estado de autorización de gastos del proyecto de ley de presupuestos autonómicos que impliquen un aumento de los créditos, "únicamente podrán ser admitidos a trámite si proponen, en el mismo documento, una baja de igual cuantía en el propio articulado, en la misma Sección o en las Secciones correspondientes a créditos centralizados, cuando esto último no esté prohibido por una norma de rango legal". Asimismo, se prevén otras condiciones para otros tipos de enmiendas parciales, contemplándose a modo de cláusula de cierre que el Consejo de Gobierno pueda manifestar su disconformidad a la tramitación cuando no se ajusten a aquéllas.

3.15. Murcia

A modo de premisa, cabe adelantar que el Reglamento de la Asamblea Regional de Murcia es la norma parlamentaria autonómica que contiene una regulación del veto presupuestario sustantivamente acorde con la doctrina actual del Tribunal Constitucional sobre esta figura.

En relación con las proposiciones de ley, el artículo 125.1 contempla la previa conformidad del Consejo de Gobierno para la tramitación de aquéllas que supongan un aumento de créditos o una disminución de gastos del presupuesto en vigor. Añade el apartado segundo que será la Mesa la que, con anterioridad a su admisión a trámite, remitirá la proposición de ley al ejecutivo a fin de solicitar su conformidad o no, cuando tal afectación presupuestaria se deduzca del informe económico que debe adjuntarse por el grupo parlamentario autor de la iniciativa legislativa.

Pues bien, la respuesta del ejecutivo —para la cual tiene un plazo de quince días, so pena de que opere el silencio positivo— deberá ser ampliamente motivada, "con indicación expresa de las concretas partidas presupuestarias que se verían afectadas, debiendo así mismo justificar, de forma inequívoca, la conexión directa, inmediata y actual en cuanto que referida al presupuesto que esté en vigor, entre las actuaciones que se derivarían de la aplicación en su caso de la norma propuesta y los ingresos y los gastos presupuestarios que habrían de incrementarse o podrían disminuir, explicitando la imposibilidad de hacerlos efectivos". La Mesa habrá de verificar que la oposición del Consejo de Gobierno se ajuste a dichos requisitos de motivación, en cuyo caso "no admitirá la proposición de ley y lo comunicará a los proponentes quedando concluida la tramitación" —apartados tercero a quinto del artículo 125—.

Además, según el artículo 125.6 de la norma reglamentaria, en el supuesto de que no se haya seguido el procedimiento de consulta al ejecutivo, podrá éste dirigirse a la Mesa de la Cámara, antes de que tenga lugar el debate de toma en consideración, mediante escrito motivado en el que se alegue "el carácter modificativo de la iniciativa legislativa respecto del presupuesto vigente". Concluye el precepto que el órgano parlamentario decidirá a la vista de dicha motivación, no prosiguiendo la tramitación de la proposición de ley si reúne los elementos referidos *supra.*

Este régimen del veto gubernamental se aplica también, de manera análoga, a las enmiendas a proyectos o proposiciones de ley con incidencia en el presupuesto en vigor. El artículo 132 del reglamento ordena a la Mesa de la Cámara remitir al Consejo de Gobierno aquellas enmiendas que, de acuerdo con el dictamen acerca de su calificación y admisión a trámite emitido por la Mesa de la Comisión, supongan un aumento de los gastos o una disminución de los ingresos presupuestarios del ejercicio en curso. Nuevamente, si el ejecutivo desea manifestar su disconformidad deberá hacerlo, en el plazo general de ocho días, mediante una respuesta razonada en los mismos términos previstos para las proposiciones de ley con afectación presupuestaria, los cuales tendrán que ser comprobados por la Mesa en orden a inadmitir la enmienda. La omisión de la consulta al gobierno le habilitará para expresar su disconformidad, que tendrá que estar motivada del mismo modo, en cualquier momento previo a la finalización del plazo para la emisión del informe por la Ponencia.

Por el contrario, el veto no aparece contemplado en relación con las enmiendas parciales —tanto al articulado, como a las secciones del estado de gastos— presentadas al proyecto de ley de presupuestos. El artículo 151 establece, en su apartado 2.a), que "[l]as que supongan aumento de créditos únicamente se admitirán a trámite si, además de cumplir los requisitos generales, proponen una baja de igual cuantía a la misma sección". Así pues, ninguna exigencia de conformidad gubernamental para este tipo de enmiendas, precisándose tan sólo su carácter constructivo o compensatorio. Lo que, en última instancia, parece deslizar una voluntad de la Cámara autonómica de desechar cualquier autolimitación de su iniciativa legislativa en materia presupuestaria, al no preverse en la norma reglamentaria la proyección del veto gubernamental al procedimiento legislativo de aprobación de los presupuestos.

3.16. Navarra

El Reglamento del Parlamento de Navarra dispone, en su artículo 148, que "[l]as enmiendas a un proyecto de ley foral que supongan aumento de los créditos o disminución de los ingresos presupuestarios del ejercicio en curso requerirán la conformidad de la Diputación Foral para su tramitación". La Mesa de la Comisión correspondiente o, en su caso, la Ponencia encargada de redactar el informe remitirá al ejecutivo, por conducto de la Presidencia del Parlamento, las enmiendas que presenten dicha incidencia presupuestaria. Si en el plazo de ocho días la Diputación Foral no hubiese dado respuesta alguna, se entenderá prestada la conformidad; en cambio, ante la falta de consulta en forma al ejecutivo, éste podrá trasladar su disconformidad en cualquier momento de la tramitación de la enmienda. El precepto señala, *in fine*, que las posibles discrepancias que pudieran producirse entre la Mesa de la Comisión y la Diputación Foral en torno a la implicación presupuestaria de las enmiendas, serán resueltas por la Junta de Portavoces.

En cuanto a las proposiciones de ley foral, la Mesa del Parlamento deberá remitirlas a la Diputación Foral para que, en el plazo de quince días, manifieste su criterio respecto a la toma en consideración y comunique, mediante respuesta razonada, su conformidad o no con la tramitación si comportara "aumento de los créditos o disminución de los ingresos presupuestarios del ejercicio en curso". El silencio será positivo y, en el supuesto de que el ejecutivo exprese su disconformidad, la decisión final sobre la tramitación de la proposición competerá a la Junta de Portavoces —apartados segundo a cuarto del artículo 168—.

Por último, el artículo 176 de la norma reglamentaria también exige la previa conformidad de la Diputación Foral para la admisión a trámite de las enmiendas al proyecto de ley de presupuestos que supongan aumento de gastos o disminución de ingresos en algún concepto. Sin embargo, dicha conformidad no será preceptiva "cuando en la enmienda presentada se especifiquen los recursos, ya consignados en el proyecto, que hayan de financiar el aumento del gasto o la disminución del ingreso". De esta forma, las enmiendas constructivas o compensatorias se configuran, en aras de una mayor flexibilidad en el procedimiento legislativo presupuestario, como una técnica alternativa al veto gubernamental. E, igualmente, será la Junta de Portavoces la que resuelva las disensiones existentes entre la Mesa de la Comisión y la Diputación Foral, acerca de los efectos presupuestarios de las enmiendas.

3.17. País Vasco

El artículo 136.1 del Reglamento del Parlamento Vasco prevé, asimismo, la conformidad del gobierno autonómico para la tramitación de las enmiendas a un proyecto de ley que comporten aumento de los créditos o disminución de los ingresos presupuestarios. Añadiéndose que "[n]o se entenderá que suponen aumento de los créditos las enmiendas que, caso de ser aprobadas definitivamente, difieran su efectividad a un ejercicio presupuestario futuro, ni aquellas respecto a las cuales, si superaran el volumen total de créditos presupuestados, la parlamentaria o parlamentario o grupo proponente indicase en el momento de su presentación con cargo a qué partida del Presupuesto en vigor habrían de sufragarse los gastos que ocasionaran".

En consecuencia, la norma parece, de un lado, restringir la posibilidad de veto tan sólo a las enmiendas que afecten al presupuesto en vigor —aunque no aluda expresamente, a tales efectos, a las que impliquen una minoración de los ingresos—. Y, de otro, rechazar su aplicabilidad cuando se presente de forma constructiva, esto es, señalando cómo se compensaría ese hipotético incremento del gasto.

Pues bien, en los supuestos en que sí sea necesaria la conformidad del ejecutivo, la Mesa de la Cámara le remitirá, por conducto de la presidencia del Parlamento, las enmiendas que, según su criterio, puedan tener repercusión presupuestaria. El Gobierno tendrá que ofrecer una respuesta razonada en el plazo de quince días o, de lo contrario, se considerará producida una conformidad tácita. Y, en caso de contestación del ejecutivo, corresponderá a la Mesa del Parlamento la calificación y resolución sobre la admisión o inadmisión a trámite de las enmiendas —apartados segundo y tercero del artículo 136—.

Con respecto a las proposiciones de ley, el artículo 148 de la norma reglamentaria se limita a señalar que, una vez trasladadas al Gobierno por la Mesa del Parlamento, aquél deberá manifestar, en el plazo de quince días y mediante escrito motivado, tanto su criterio relativo a la toma en consideración como su conformidad o no con la tramitación si tuviese incidencia presupuestaria, remitiéndose en este sentido a lo previsto para las enmiendas. En caso de silencio, la proposición estará en condiciones de ser incluida en el orden del día del pleno para su toma en consideración.

Finalmente, el artículo 155 se refiere, en sus apartados sexto y séptimo, a las enmiendas parciales con afectación presupuestaria —es decir, las que se formulen al texto articulado y a los programas, capítulos, conceptos o partidas de los estados de autorización de gastos o ingresos que lo acompañan—. Por una parte, aquéllas que supongan un incremento de crédito en algún concepto tan sólo podrán ser admitidas a trámite si se propone una baja en igual cuantía en otro, además de cumplir los requisitos generales. Por otra, las que comporten minoración de ingresos requerirán la conformidad del Gobierno para su tramitación, debiendo éste comunicar su parecer a la Mesa del Parlamento en un plazo no superior a cuatro días desde el traslado de la enmienda.

3.18. A modo de recapitulación

Del análisis de la normativa autonómica sobre el veto presupuestario cabe colegir una cierta heterogeneidad en su régimen jurídico, si bien la mayoría de estos reglamentos superan las previsiones contenidas en los del Congreso y Senado, ajustándose —o, incluso, anticipándose— en cierta medida a la vigente doctrina del Tribunal Constitucional sobre esta figura. De hecho, quizás alguna de estas regulaciones autonómicas, como la de Murcia, podría servir como base para una futura reforma de los reglamentos de las Cámaras que los alinease, de forma explícita, con la actual exégesis constitucional en torno al veto presupuestario.

Básicamente, tres son los aspectos que podrían destacarse de los reglamentos autonómicos más desarrollados o avanzados en esta materia: primero, la conexión del veto con el presupuesto en vigor; segundo, su alternancia —¿o intercambiabilidad?— con la técnica de las enmiendas constructivas; y, finalmente, la resolución de las posibles discrepancias.

En efecto, gran parte de los reglamentos de los parlamentos o asambleas de las Comunidades Autónomas circunscriben el veto a aquellas iniciativas legislativas que incidan, exclusivamente, en el ejercicio presupuestario en curso. En este sentido, recuérdese que las normas reglamentarias del Congreso y del Senado no recogen expresamente esta previsión, limitándose a requerir la conformidad gubernamental en relación con aquellas proposiciones o enmiendas que impliquen un aumento de créditos o una disminución de ingresos "presupuestarios". Sin embargo, tal como se detallará más adelante, el Tribunal Constitucional se ha encargado de acotar el ámbito temporal del veto, aclarando que tan sólo resultará admisible cuando se produzca una afectación del presupuesto vigente. Así pues, en este punto la regulación autonómica presenta, con carácter general, un acomodo a la doctrina constitucional mayor que la estatal.

A fortiori, los reglamentos de varias Comunidades Autónomas parecen ir un paso más allá, al no contemplar expresamente el veto del ejecutivo a las enmiendas que se presenten a los presupuestos. ¿Significa ello que, de esa restricción temporal de la figura al ejercicio en curso, se haría derivar su inaplicabilidad en el procedimiento legislativo de aprobación de los presupuestos? Ya se refirió previamente cómo los reglamentos de las Cámaras Baja y Alta, ante la ambigüedad del artículo 134.6 de la Constitución, sí admiten la operatividad del veto en la propia tramitación del presupuesto, en un ejercicio de autolimitación de su iniciativa legislativa. Extremo este sobre el que, como veremos *infra*, no se ha manifestado diáfanamente el Tribunal Constitucional en sus últimos pronunciamientos.

Pues bien, estas Comunidades Autónomas que no regulan el veto en la tramitación de los presupuestos suelen acudir, habitualmente, a la enmienda constructiva. Sin embargo, su tratamiento dista mucho de ser uniforme, ya que algunos reglamentos autonómicos tan sólo la establecen para los aumentos de créditos, mientras que otros añaden también el supuesto de disminución de los mismos o de modificación de ingresos. De todos modos, lo destacable es que incluso varias de estas Comunidades Autónomas ni tan siquiera emplean la técnica compensatoria como alternativa al veto para las enmiendas que impliquen una disminución de los ingresos previstos en el proyecto de ley de presupuestos, no regulándose condición alguna para estos casos.

Por tanto, este régimen jurídico buscaría minimizar las restricciones a la iniciativa del parlamento autonómico en materia presupuestaria, no imponiéndose cortapisas en su función legislativa que mal se compadecen, a mayor abundamiento, con la finalidad primigenia del artículo 134.6 de la Carta Magna. Ello podría hacer reflexionar acerca de una hipotética reforma del resto de reglamentos camerales —estatales y autonómicos— que, siguiendo esta línea, eliminase el veto en el procedimiento legislativo presupuestario y, por ende, una autolimitación de la iniciativa legislativa parlamentaria que resulta, cuando menos, antinatural.

En esta línea exegética, la supresión de la conformidad gubernamental para las enmiendas a los presupuestos que conlleven una minoración de los ingresos —en tanto no dejan de ser una mera previsión— y la mera exigencia de una formulación compensatoria para aquéllas que supongan un aumento de créditos —por su carácter autorizante y limitativo—, debería ser suficiente para salvaguardar el equilibrio en los estados presupuestarios, configurándose así una vía más respetuosa, *a priori*, con el poder financiero de las Cámaras.

En cambio, lo que en ningún caso parece idóneo es identificar, en las enmiendas constructivas, la alusión reglamentaria al cumplimiento de los requisitos generales con la necesidad adicional de la conformidad gubernamental. Esta técnica compensatoria debería configurarse como alternativa al veto presupuestario y no como elemento complementario. Así lo evidencia claramente la regulación navarra que, aun cuando dispone la conformidad del ejecutivo para las enmiendas a los presupuestos que conlleven un aumento del gasto o una reducción de los ingresos, permite a su vez sustituirla, sin más, por el mecanismo de la enmienda constructiva[73].

Esta previsión se erige en un claro ejemplo de esa concepción intercambiable de ambas figuras, pudiendo servir indistintamente para salvaguardar la integridad del

---

73 Artículo 176 del Reglamento del Parlamento de Navarra: "1. Las enmiendas que supongan aumento de gastos o disminución de ingresos en algún concepto requerirán, para su admisión a trámite, la previa conformidad de la Diputación Foral. 2. No obstante, no será preceptiva dicha conformidad cuando en la enmienda presentada se especifiquen los recursos, ya consignados en el proyecto, que hayan de financiar el aumento del gasto o la disminución del ingreso".

presupuesto y, por tanto, su función como vehículo de dirección política del gobierno. Idea que, *a fortiori*, se extrapola en alguna Comunidad Autónoma al ámbito de las enmiendas presentadas a proyectos de ley distintos al de los presupuestos. Por ejemplo, en el País Vasco se llega a excluir el veto cuando la enmienda tenga dicho carácter compensatorio, de modo que no pueda ejercerse respecto de aquéllas que, aunque incrementen el crédito, se articulen de forma constructiva. En puridad, se dispone que en tales supuestos no cabe entender que se produzca realmente un aumento del gasto, pero lo relevante es que, en cualquier caso, se acaba priorizando la enmienda constructiva frente a la conformidad gubernamental[74].

Todo ello podría conducir a una cierta relativización del veto e, incluso, a su posible relegación a un segundo plano, recurriéndose a otras técnicas, como la formulación de enmiendas compensatorias, menos invasivas desde la óptica de la iniciativa legislativa. Dicho de otro modo, el absoluto respeto a la potestad presupuestaria del

---

[74] Artículo 136.1 del Reglamento del Parlamento Vasco: "1. Las enmiendas a un proyecto de ley que supongan aumento de los créditos o disminución de los ingresos presupuestarios requerirán la conformidad del Gobierno para su tramitación. No se entenderá que suponen aumento de los créditos las enmiendas que, caso de ser aprobadas definitivamente, difieran su efectividad a un ejercicio presupuestario futuro, ni aquellas respecto a las cuales, si superaran el volumen total de créditos presupuestados, la parlamentaria o parlamentario o grupo proponente indicase en el momento de su presentación con cargo a qué partida del Presupuesto en vigor habrían de sufragarse los gastos que ocasionaran".

Parlamento tal vez aconsejaría configurar la conformidad del ejecutivo como última *ratio*: si con otros mecanismos constructivos cabe garantizar la estructura de los estados de ingresos y gastos, la figura del veto podría no ser absolutamente necesaria.

De otro lado, los reglamentos autonómicos exigen la motivación del veto gubernamental a las proposiciones o enmiendas con incidencia presupuestaria, pero sin precisar su alcance en la práctica totalidad de los casos. Es decir, únicamente obligan a los respectivos ejecutivos a razonar expresamente su disconformidad, operando en caso contrario el silencio positivo, en términos análogos a los contemplados a nivel estatal.

Actualmente, ese deber de motivación del veto presupuestario ha de interpretarse a la luz de la doctrina del Tribunal Constitucional, la cual fija claramente su extensión, como se tendrá ocasión de comprobar con posterioridad. Por ello, algún reglamento autonómico como el murciano —aprobado con posterioridad a las primeras sentencias sobre el veto— delimita ya el contenido de la disconformidad gubernamental con la tramitación de las iniciativas legislativas que presenten una afectación presupuestaria, siguiendo las pautas marcadas por el Tribunal Constitucional. Así, se requiere que el ejecutivo, por una parte, indique qué partidas presupuestarias concretas se verían afectadas por la enmienda o proposición; y, por otra, justifique la existencia de una conexión real entre tales medidas legislativas y la disminución o incremento de los ingresos y gastos del presupuesto vigente, “explicitando la imposibilidad de hacerlos efectivos"[75]. Sería plausible —aunque no necesario, tras los pronunciamientos del Tribunal Constitucional— que el resto de reglamentos camerales —también los del Congreso y Senado— especificasen, de modo similar, los extremos a que debe hacer referencia la respuesta disconforme del gobierno.

Asimismo, el Reglamento de la Asamblea Regional de Murcia atribuye a la Mesa de la Cámara la verificación de los requisitos de motivación en la respuesta del ejecutivo, teniendo que inadmitir a trámite la enmienda o proposición cuando se ajuste a los mismos[76]. Esta última previsión entronca indirectamente con la cuestión de la resolución de las posibles discrepancias que puedan surgir entre los respectivos gobiernos y parlamentos en relación con el ejercicio del veto presupuestario.

Tales disensiones pueden aparecer, en primer lugar, en torno al efecto presupuestario de la enmienda, cuando el órgano parlamentario competente —normalmente, la Mesa de la Comisión— no aprecie su concurrencia y, por ende, no consulte al gobierno y, en cambio, éste último considere lo contrario; esta clase de conflicto no parece darse con respecto a las proposiciones de ley, puesto que casi todos los reglamentos parlamentarios autonómicos —a excepción de los de Cataluña y Murcia— contemplan su remisión generalizada al ejecutivo para que manifieste, o no, su conformidad con la tramitación de la iniciativa legislativa. En segundo lugar, las desavenencias pueden

---

75 Artículos 125.4 y 132.3 del Reglamento de la Asamblea Regional de Murcia.

76 *Ibídem*, artículos 125.5 y 132.4.

versar sobre la propia disconformidad expresada por el ejecutivo, en los supuestos en que el órgano parlamentario correspondiente no esté de acuerdo con el criterio gubernamental.

Las normativas autonómicas hacen residir en la Cámara la solución de tales controversias, aunque con disparidad en cuanto al órgano sobre el que recae la decisión final —Mesa, Junta de Portavoces, Pleno...— y sin concretar el contenido material de la misma. Nuevamente, el reglamento murciano es el que más se acomoda a la doctrina del Tribunal Constitucional, atribuyendo a la Mesa de la Cámara la verificación de que el veto gubernamental observe las exigencias de motivación establecidas normativamente: en caso afirmativo, estará obligada a tramitar la proposición o enmienda y, en el supuesto contrario, a inadmitirla. Igualmente, en caso de que el ejecutivo autonómico no hubiese sido consultado, al no estimarse la incidencia en el presupuesto en curso de la iniciativa legislativa, y aquél manifestara su disconformidad en un momento procedimental posterior, la tramitación dependerá de que la motivación gubernamental reúna tales requisitos, previa comprobación de la Mesa.

En suma, este régimen jurídico —que constituye un fiel trasunto de la posición del Tribunal Constitucional a este respecto— busca alcanzar un (re)equilibrio de fuerzas entre ejecutivo y legislativo: aunque se otorgue a la Cámara la última palabra, ésta tiene una naturaleza formal —y no material o de oportunidad—, puesto que debe limitarse —al menos en teoría— a verificar el estricto cumplimiento del deber de motivación del veto, en toda su extensión. Dicho con otras palabras, se establece una suerte de engranaje de contrapesos: por un lado, se impone al gobierno la necesidad de una rigurosa motivación y se faculta a la Mesa para controlar su corrección formal; pero, por otro lado, si dicha motivación resulta acorde a las exigencias normativas, el órgano parlamentario tendrá que inadmitir a trámite, sin mayor margen, la correspondiente enmienda o proposición.

4. EL VETO PRESUPUESTARIO EN EL ÁMBITO LOCAL

La Ley de Bases del Régimen Local no hace alusión alguna a la figura del veto presupuestario. De hecho, la materia presupuestaria local se encuentra escasamente desarrollada en esta norma, limitándose por un lado a atribuir al Pleno de los Ayuntamientos y Diputaciones Provinciales la aprobación y modificación de los presupuestos, de acuerdo con lo dispuesto en la Ley de Haciendas Locales[77]; y, de otro lado, a dibujar las líneas maestras del régimen jurídico del presupuesto de las entidades locales, pero sin detallar su procedimiento de elaboración y adopción[78]. A lo que el Reglamento de Organización, Funcionamiento y Régimen Jurídico de las Entidades Locales añade que la formación del proyecto de presupuestos corresponderá,

[77] Artículos 22.2.e) y 33.2.c) de la Ley 7/1985, Reguladora de las Bases del Régimen Local, respectivamente. Véase también el artículo 23.1.h) para los municipios de gran población.

[78] *Ibídem*, artículo 112.

respectivamente, al Alcalde y al Presidente de la Diputación[79].

Por su parte, la Ley de Haciendas Locales regula ampliamente el presupuesto en el Capítulo I de su Título VI, mas tampoco contempla expresamente la facultad de veto. Así, el artículo 168 únicamente establece que, una vez formado el presupuesto general por el Presidente de la entidad y remitido al Pleno, será éste último al que competa su aprobación, enmienda o devolución. De modo que, aun cuando se admite la posible presentación de enmiendas, nada se indica acerca de si resulta o no viable su veto.

En términos idénticos se expresa el Real Decreto 500/1990, de 20 de abril, por el que se desarrolla la Ley de Haciendas Locales en el ámbito de los presupuestos, cuyo artículo 18.4 reproduce fielmente la previsión anterior. Hay que acudir, pues, a los concretos reglamentos orgánicos de cada corporación local para encontrar referencias a la conformidad gubernamental a efectos de la tramitación de enmiendas que afecten al presupuesto.

En la esfera municipal, se regula el veto presupuestario en algunos municipios de gran población, en los cuales se otorga dicha facultad a la Junta de Gobierno Local[80].

---

79 Artículos 41.16º y 61.13º del Reglamento de Organización, Funcionamiento y Régimen Jurídico de las Entidades Locales, aprobado por Real Decreto 2568/1986, de 28 de noviembre.

80 Tal como dispone el artículo 126.1 de la Ley 7/1985, Reguladora de las Bases del Régimen Local, la Junta de Gobierno Local “es el órgano que, bajo la presidencia del Alcalde, colabora de forma colegiada en la función de dirección política que a éste corres-

Por ejemplo, en el Ayuntamiento de Madrid se requiere la conformidad de dicho órgano para aquellas enmiendas a los estados de ingresos que supongan minoración o supresión de los inicialmente previstos. En este sentido, se dispone que "la Comisión competente, a través del secretario del Pleno, remitirá a la Junta de Gobierno las enmiendas que pudieran estar incursas en tal supuesto, debiendo manifestar su posición en el plazo de siete días". Sin embargo, la Junta de Gobierno podrá manifestar su disconformidad en cualquier momento del procedimiento de aprobación del presupuesto, en caso de no haber sido consultado. Adviértase, a mayor abundamiento, que este régimen se reproduce para las enmiendas al articulado que, igualmente, impliquen una disminución de ingresos[81].

De hecho, la Ley 22/2006, de 4 de julio, de Capitalidad y de Régimen Especial de Madrid, también recoge esta potestad de veto en su artículo 49.6, señalando que "[l]as enmiendas que supongan modificación de ingresos requerirán, para su tramitación, la conformidad de la Junta de Gobierno". Ahora bien, este precepto parece contradecir lo previsto en el reglamento orgánico del Pleno: éste último impide la admisión de enmiendas al presupuesto

---

ponde y ejerce las funciones ejecutivas y administrativas que se señalan en el artículo 127 de esta ley". Precepto este último cuyo apartado primero explicita, en su letra b), "[l]a aprobación del proyecto de presupuesto".

81 Artículo 115 del Reglamento Orgánico del Pleno del Ayuntamiento de Madrid, de 31 de mayo de 2004, apartados cuarto y sexto, respectivamente.

que incrementen los ingresos[82], mientras que aquél sí lo permite —habla de modificación, sin mayor concreción— cuando exista tal conformidad.

Además, la norma legal proyecta el veto a las proposiciones y enmiendas a los proyectos de ordenanzas y reglamentos municipales que conlleven un aumento de los créditos o una disminución de los ingresos presupuestarios del ejercicio económico en curso, al exigir nuevamente la conformidad de la Junta de Gobierno para su tramitación[83]. Con ello se reconoce *ex profeso* la posibilidad de que el ejecutivo local vete las iniciativas normativas que, a su juicio, pudieran tener esa incidencia en el presupuesto vigente.

Por su parte, en Alicante se condiciona a la conformidad de la Junta de Gobierno la tramitación tanto de las enmiendas a los estados de ingresos que supongan minoración o supresión de los inicialmente previstos, como de aquéllas al articulado de las bases de ejecución que supongan modificación de los estados de gastos o ingresos. De esta forma, el órgano municipal deberá manifestar su posición en un plazo no superior a una semana; no obstante, podrá mostrar su disconformidad a lo largo del procedimiento ante la falta de consulta expresa[84]. Por tanto, aquí el veto aparece restringido exclusivamente a las enmiendas al propio proyecto de presupuestos, dado que

---

[82] *Ibídem.*

[83] Artículo 48.6 de la Ley 22/2006, de 4 de julio, de Capitalidad y de Régimen Especial de Madrid.

[84] Artículo 176.5 y 6 del Reglamento Orgánico del Pleno del Ayuntamiento de Alicante, de 28 de septiembre de 2011.

se guarda silencio acerca de su posible aplicación en relación con otras iniciativas normativas municipales.

De otro lado, el reglamento orgánico del Ayuntamiento de Zaragoza exige, asimismo, la conformidad de la Junta de Gobierno Local para la tramitación de las enmiendas al proyecto de presupuestos que supongan minoración o supresión de los estados de ingresos inicialmente previstos. Tales enmiendas serán remitidas por la Comisión, a través del Secretario General, para que la Junta de Gobierno exprese su posición al respecto en el plazo de cinco días, aunque podrá hacerlo en cualquier momento cuando no sea consultada en forma[85].

Pues bien, esta pequeña muestra tan sólo pretende evidenciar cómo el veto presupuestario también se halla presente en el ámbito municipal. *A fortiori*, cabe subrayar que estos reglamentos orgánicos, por una parte, suelen contemplar la técnica compensatoria para las enmiendas presentadas a los estados de gastos del proyecto de presupuestos, poniéndose de manifiesto una vez más su carácter alternativo —y no acumulativo— en relación con la figura del veto[86]; y, por otra parte, rechazan —con la

---

85 Artículo 218 del Reglamento Orgánico Municipal, de 26 de noviembre de 2004.

86 El artículo 115.2 del Reglamento Orgánico del Pleno del Ayuntamiento de Madrid dispone que "[l]as enmiendas de creación o de incremento de los estados de gastos del Presupuesto General del Ayuntamiento de Madrid sólo podrán ser admitidas a trámite si proponen una baja por igual cuantía en la misma sección presupuestaria. Del mismo modo, las enmiendas de supresión o minoración a los estados de gastos del Presupuesto General del Ayuntamiento de Madrid sólo podrán ser admitidas si suponen

particularidad del caso madrileño— la posible formulación de enmiendas que lleven aparejados aumentos en el estado de gastos[87].

Nótese también cómo otros municipios de gran población que no hacen referencia en su normativa interna al veto presupuestario, como Málaga[88] o Sevi-

---

un incremento por igual cuantía en la misma Sección Presupuestaria". En esta línea, el artículo 176.2 del Reglamento Orgánico del Pleno del Ayuntamiento de Alicante preceptúa que "[l]as enmiendas de creación o de incremento de los estados de Gastos sólo podrán ser admitidas a trámite si proponen una baja por igual cuantía respecto al mismo Órgano presupuestario. Del mismo modo, las enmiendas de supresión o minoración de los estados de Gastos sólo podrán ser admitidas si suponen un incremento por igual cuantía respecto al mismo Órgano presupuestario". Y el artículo 218 del Reglamento Orgánico Municipal de Zaragoza señala que "[s]olo podrán ser admitidas a trámite las enmiendas de creación o de incrementos de los estados de gastos si proponen una baja de igual cuantía en la misma Sección presupuestaria. Tampoco se admitirán las enmiendas de supresión o minoración a los estados de gastos cuando no supongan un incremento de igual cuantía en la misma sección Presupuestaria".

87 Véanse los artículos 115.4 del Reglamento Orgánico del Pleno del Ayuntamiento de Madrid, 176.4 del Reglamento Orgánico del Pleno del Ayuntamiento de Alicante y 218 del Reglamento Orgánico Municipal de Zaragoza.

88 Artículo 143.2 del Reglamento Orgánico del Pleno del Excelentísimo Ayuntamiento de Málaga, de 3 de enero de 2005: "Las enmiendas de creación o de incremento de los estados de gastos del Presupuesto General del Ayuntamiento de Málaga solo podrán ser admitidas a trámite si proponen una baja por igual cuantía o bien proponiendo nuevos o mayores ingresos. Del mismo modo, las enmiendas de supresión o minoración a los estados de gastos del Presupuesto General del Ayuntamiento de

lla[89], contemplan igualmente la necesidad de que las enmiendas a los estados de gastos se articulen, de uno u otro modo, constructivamente. Incluso pueden encontrarse algunos casos —*v. gr.* Bilbao— en los que la formulación compensatoria resulta exigible a cualquier enmienda con incidencia en las cifras del proyecto de presupuestos, sin mención alguna al veto[90].

Finalmente, cabría traer a colación la Sentencia de la Sala de lo Contencioso-Administrativo del Tribunal Supremo, de 9 de febrero de 2022[91], en la que se ventila si la decisión de un Alcalde de no tramitar —admitir, deliberar y votar— una enmienda parcial al presupuesto municipal, presentada al inicio de la sesión plenaria de aprobación, constituye una vulneración del derecho de participación consagrado en el artículo 23.2 de la Constitución. Dicho

---

Málaga solo podrán ser admitidas si suponen un incremento por igual cuantía o bien minorando o suprimiendo ingresos".

89 Artículo 149 *in fine* del Reglamento Orgánico de organización y funcionamiento del Pleno del Ayuntamiento de Sevilla, de 29 de marzo de 2019: "Cada una de las enmiendas parciales deberá presentarse en equilibrio, de manera que los incrementos de gasto deberán llevar aparejadas disminuciones de gastos de la misma cuantía".

90 Artículo 97.3 del Reglamento Orgánico del Pleno del Ayuntamiento de Bilbao, de 7 de julio de 2016: "Las enmiendas particulares podrán ser de Supresión, Modificación o Adición; en los dos últimos supuestos, la enmienda deberá contener la alternativa concreta que se propone y la financiación, en su caso, con cargo al superávit presupuestario inicial o bien mediante una disminución de gastos o un incremento de los ingresos".

91 Sentencia del Tribunal Supremo 488/2022, de 9 de febrero (ECLI:ES:TS:2022:488).

sin ambages, se trata de dirimir si la inadmisión de una enmienda presupuestaria puede cercenar el *ius in officium* de los concejales, lo que indirectamente enlazaría con la cuestión de los límites de la aplicación del veto en el ámbito local.

Resumiendo los antecedentes de hecho del caso, en el orden del día de uno de los Plenos del Ayuntamiento figuraba la aprobación provisional de los presupuestos municipales. Uno de los concejales intervino para anunciar la presentación de una enmienda que el Alcalde decidió no admitir al implicar una variación sustancial en los gastos que hacía "inservible" el presupuesto, el cual contaba además con el informe favorable de la Intervención. En consecuencia, la propuesta de presupuesto municipal acabó votándose y aprobándose provisionalmente, suscitándose así la posible violación del derecho de participación política reconocido a los concejales en el artículo 23.2 de la Carta Magna.

El Tribunal Supremo comienza su argumentación jurídica afirmando que "en el ámbito del régimen local, forma parte del *ius in officium* de los concejales la posibilidad de presentar enmiendas, lo que supone ejercer un derecho político consustancial al carácter representativo del cargo, integrado así en el contenido esencial del artículo 23.2 de la Constitución". Al tratase de un derecho de configuración legal, "habrá que estar a su regulación sectorial para advertir cuándo la infracción de esa normativa tiene relevancia constitucional"; así, en cuanto al régimen de presentación de enmiendas en general, y respecto del presupuesto municipal en especial, dicha configuración se encuentra en la Ley de Bases del Régimen Local, la Ley de Haciendas Locales y el Reglamento de Organización, Funcionamiento y Régimen Jurídico de las Entidades Locales. Normativa que únicamente establece, en relación con las enmiendas, la necesidad de que guarden relación con el punto del orden del día, sin prever un plazo para su presentación ni tampoco, cuando se formulen a la propuesta de presupuesto, que hayan de ser previamente informadas. Estas reglas pueden modularse en cada municipio en función de su reglamento orgánico, si bien el adoptado por el Ayuntamiento en cuestión no contenía una regulación específica en cuanto al régimen de enmiendas[92].

Prosigue el Alto Tribunal aseverando que el derecho a la presentación de enmiendas tiene sustantividad propia y, por ende, resultan merecedoras de un debate específico en el Pleno. Lo cual no acaeció en este supuesto, al no poder votarse la enmienda de forma individualizada, constituyendo una infracción que va más allá de lo meramente formal, al afectar negativamente al contenido material de este derecho[93].

A *fortiori*, en la Administración municipal, el Pleno es algo más que un órgano administrativo, ya que a su través se materializa el pluralismo político, de lo que se deriva la importancia que reviste en esta sede el derecho de enmienda para la salvaguardia del principio democrático. El Pleno tiene, pues, una naturaleza bifronte: por un lado, es un órgano administrativo, decisorio y ejecutivo, pero por otro se erige también en órgano soberano de represen-

---

92 Fundamento de Derecho cuarto.

93 Fundamento de Derecho quinto.

tación política en el que sus miembros tienen atribuidas funciones de control político y debate, las cuales integran su *ius in officium*. Por todo ello, "el ejercicio del derecho de presentar enmiendas no puede entenderse como una regulación procedimental cuya infracción sea sin más subsanable, porque hay aspectos que no lo son"[94].

Volviendo al caso concreto, la inadmisión de la enmienda no permitió que el proponente expusiese como tal su discrepancia, sustrayéndose además al resto de concejales la posibilidad de debatirla y votarla e impidiéndose a los vecinos, incluso, conocer los motivos en que se habría basado su rechazo o los concretos concejales que no la habrían apoyado[95]. En suma, "a los efectos del artículo 23.2 de la Constitución el derecho de los concejales a presentar enmiendas en los Plenos municipales forma parte consustancial del ejercicio del cargo y de su carácter representativo. Y si conforme a las normas propias de la organización interna del ayuntamiento o, en su caso, de la normativa general, se acuerda inadmitirlas, la razón que se alegue debe apreciarse restrictivamente para no frustrar ni el derecho de los concejales a debatirla y votarla, ni de los vecinos a conocer las razones de su estimación o rechazo"[96]. En esta línea exegética, afirmaba igualmente el Ministerio Fiscal que, con respecto al *ius in officium*, debe regir el principio *favor libertatis* y no un simple criterio reduccionista[97].

---

94 *Ibídem.*

95 *Ibídem.*

96 Fundamento de Derecho sexto.

97 Fundamento de Derecho tercero.

Sin embargo, pese al sentido estimatorio de la sentencia, se modula su alcance al tratarse de un presupuesto municipal ya liquidado. Así, se declara la nulidad de los actos impugnados, al afirmarse que la inadmisión de la enmienda lesionó un aspecto sustancial del ejercicio del cargo de concejal, con la consiguiente infracción del derecho fundamental del artículo 23.2 de la Constitución. Pero, en cambio, no se considera justificada la necesidad de acordar la retroacción de las actuaciones, con lo que los efectos reales de la sentencia quedan prácticamente diluidos[98].

En suma, esta concepción amplia del *ius in officium* de los concejales debería servir, asimismo, para interpretar el alcance del veto presupuestario en el ámbito local. No obstante, dado que los reglamentos orgánicos de cada entidad local pueden establecer un régimen jurídico para las enmiendas distinto al previsto en la normativa general —tal como recuerda el propio Tribunal Supremo—, nada obstaría a que aquellos contemplasen requisitos para su admisión a trámite y, por extensión, la posibilidad de que acaben siendo vetadas. Mas dicha regulación específica del veto presupuestario siempre tendría que respetar, en toda su extensión, el contenido esencial del derecho fundamental recogido en el artículo 23.2 de la Carta Magna.

---

98 Fundamento de Derecho sexto.

Capítulo Segundo

LOS ÚLTIMOS PRONUNCIAMIENTOS DEL TRIBUNAL CONSTITUCIONAL SOBRE EL VETO PRESUPUESTARIO

1. VETO PRESUPUESTARIO Y *LITIGIOSIDAD*

En los últimos años, el veto presupuestario ha presentado un grado de conflictividad jurídica prácticamente desconocido hasta el momento, motivado principalmente por una nueva coyuntura política a nivel interno en la que los Ejecutivos ya no cuentan, con carácter general, con el respaldo de las amplias mayorías parlamentarias de antaño. En este contexto, el Tribunal Constitucional ha tenido que pronunciarse últimamente en reiteradas ocasiones sobre esta figura resolviendo, bien conflictos de atribuciones entre el Gobierno y la Mesa de la Cámara, bien recursos de amparo interpuestos por los parlamentarios por violación de su *ius in officium*.

Aun cuando el análisis crítico de la doctrina sentada por el Tribunal Constitucional en torno al veto presupuestario se llevará a cabo en el capítulo siguiente, cabe adelantar que el máximo intérprete de la Carta Magna ha aprovechado esta tesitura para fijar, desde la Sentencia 34/2018, de 12 de abril, el ámbito material, temporal y formal del artículo 134.6. A grandes rasgos, ahora se exige que la disconformidad gubernamental justifique la efectiva incidencia de la enmienda o proposición en el presupuesto en curso, debiendo indicarse las partidas concretamente afectadas al efecto. De este modo, se endurecen los requisitos que ha de observar el Ejecutivo para ejercer esta facultad constitucional, a la vez que también se refuerza el control de su cumplimiento, hasta cierto punto, por parte del Legislativo —concretamente, a través de la Mesa de la Cámara, en ejercicio de sus funciones de calificación—.

Tal como se ha apuntado, esta configuración jurídica del veto presupuestario se ha ido delineando mediante varias resoluciones del Tribunal Constitucional, dictadas en el marco de una serie de conflictos de atribuciones que evidencian claramente ese cambio de tendencia en el panorama político nacional, caracterizado actualmente por la existencia de Ejecutivos más débiles en términos parlamentarios. Básicamente, se trata de supuestos en los que la Mesa de la Cámara ha adoptado decisiones que impiden al Gobierno ejercer el veto presupuestario, acudiendo éste último al Tribunal Constitucional por considerar que se ha producido una invasión en las competencias que expresamente le atribuye el artículo 134.6 de la Carta Magna.

De otro lado, el Tribunal Constitucional también ha conocido del veto presupuestario con ocasión de diferentes recursos de amparo dirigidos contra acuerdos de la Mesa, por los que se admitía la disconformidad gubernamental frente a determinadas iniciativas legislativas a causa de sus efectos presupuestarios. En estos otros casos, son los propios miembros de la Cámara los que deciden impugnar tales acuerdos por infracción del artículo 23 de la Constitución, alegando una vulneración del *ius in officium* como consecuencia de la imposibilidad de debatirse, en sede parlamentaria, la correspondiente proposición o enmienda.

A continuación, se procederá a exponer detalladamente los recientes pronunciamientos del Tribunal Constitucional relativos al veto presupuestario, distinguiendo entre aquellos que traen causa de un conflicto de atribuciones y los que se derivan de la interposición de recursos de amparo, en aras de una mayor sistematicidad del estudio.

No obstante, con carácter previo se traerán a colación dos sentencias en las que, algunos años atrás, el Tribunal Constitucional abordó la cuestión del veto presupuestario, si bien referido al ámbito autonómico. Dado que ambas se erigen en pioneras en esta materia, parece conveniente rescatarlas ahora, en tanto constituyen la antesala de la actual doctrina constitucional sobre la facultad establecida en el artículo 134.6 de la Carta Magna.

2. LOS PRECEDENTES DE 2006

2.1. La Sentencia del Tribunal Constitucional 223/2006, de 6 de julio

En esta primera sentencia[99] se resolvieron dos recursos de inconstitucionalidad, interpuestos por el Consejo de Gobierno de la Junta de Extremadura y Senadores del

---

99 ECLI:ES:TC:2006:223.

Grupo Socialista, contra la reforma del Reglamento de la Asamblea extremeña, que residenciaba en el Pleno de este órgano la decisión última sobre la concurrencia del supuesto de hecho del veto presupuestario, recogido en el entonces artículo 61.b) del Estatuto de Autonomía.

Este precepto estatutario trasladaba al ámbito autonómico el contenido del artículo 134.6 de la Constitución, exigiendo la conformidad del Consejo de Gobierno para tramitar toda proposición o enmienda que supusiera aumento de los créditos o disminución de los ingresos presupuestarios. A su vez, los artículos 111.1 y 121.4 del Reglamento de la Asamblea de Extremadura reproducían esta previsión, sin prever inicialmente que la Cámara pudiese cuestionar la realidad del efecto presupuestario de la enmienda o proposición objeto de la disconformidad gubernamental.

Sin embargo, dichos preceptos reglamentarios fueron modificados posteriormente para atribuir al Pleno de la Asamblea la facultad de resolver las eventuales discrepancias que pudieran surgir, entre el Ejecutivo y la Mesa, en relación con la incidencia presupuestaria de tales enmiendas o proposiciones —la cual debía referirse, además, al ejercicio en curso—. Dicho de otra manera, si la Mesa entendiese que la disconformidad expresada por la Junta resulta manifiestamente infundada, el Pleno de la Cámara tendría la última palabra acerca de si la enmienda o proposición afectan a los créditos o ingresos del presupuesto en vigor.

La finalidad de la reforma era, como se indicaba en la exposición de motivos, evitar una utilización abusiva del veto presupuestario por el Ejecutivo que acabase cercenando la función legislativa del Parlamento. Esta potestad gubernamental no puede tener un carácter discrecional, pues ello supondría aherrojar la iniciativa legislativa de la Cámara y, en última instancia, erosionar la propia división de poderes.

Para los recurrentes, los preceptos impugnados contravenían el artículo 61.b) del Estatuto de Autonomía extremeño, al despojar a la Junta de la facultad de oponerse a las alteraciones de las previsiones de ingresos y gastos vigentes para cada ejercicio presupuestario, necesaria para que pueda ejercer correctamente su responsabilidad exclusiva en la gestión de los recursos económicos. Así pues, mediante esta reforma se trastocaba el sistema de relaciones entre el Legislativo y el Ejecutivo, puesto que la función de gobierno y dirección política atribuida a éste último se veía amenazada con la dilución de su potestad de veto.

En este sentido, inciden en que esta institución sirve para asegurar que el Gobierno pueda desarrollar su programa político, mediante la ejecución del presupuesto sin perturbaciones por parte del Parlamento. Es decir, la justificación del veto presupuestario estriba en el control que el Ejecutivo ha de mantener sobre los medios económicos comprometidos para llevar a cabo su acción política.

De esta manera, la incorporación normativa de una fiscalización parlamentaria de la potestad gubernamental de veto acabaría transformando su configuración como medio de defensa de las funciones del Ejecutivo, en tanto éste ya no podría paralizar cualquier iniciativa legislativa con repercusiones presupuestarias que no quisiese asumir. Además, aun cuando el efecto presupuestario de la enmienda o proposición constituyera una cuestión técnica, su control jurídico correspondería en todo caso al Tribunal Constitucional, pero no a la Asamblea[100].

En cambio, en opinión del Letrado de la Asamblea de Extremadura el veto gubernamental debe estar motivado y, excepcionalmente, puede ser rechazado por la Cámara cuando exista un notorio abuso de dicha facultad. Por tanto, la reforma pretende alcanzar un equilibrio entre las posiciones del Legislativo y del Ejecutivo, impidiendo que se perjudique la iniciativa legislativa de los parlamentarios a través de un ejercicio sesgado e indiscriminado del veto. De ahí la necesidad de articular un control de aquellos supuestos en que la disconformidad gubernamental pueda reputarse manifiestamente infundada o arbitraria[101].

Pues bien, el Tribunal Constitucional declaró la inconstitucionalidad de la reforma de los artículos 111.1 y 121.4 del Reglamento de la Asamblea de Extremadura, al considerar que la resolución por el Pleno de las posibles discrepancias en torno a la incidencia presupuestaria de una enmienda o proposición suponía, en puridad, desproveer al Ejecutivo autonómico de su facultad de veto estatutariamente reconocida.

A tales efectos, el Tribunal inicia su argumentación recordando el papel de los presupuestos como vehículo de dirección de la política económica del Ejecutivo e instrumento fundamental para la realización de su programa de gobierno. Seguidamente, añade que el presupuesto cons-

---

[100] Antecedente primero.

[101] Antecedente noveno.

tituye una manifestación cualificada, en el plano económico, de la confianza parlamentaria sobre la que descansa la constitución de cualquier Gobierno, tanto de aquélla obtenida con la investidura de su Presidente, como de la concedida a su programa anual de política económica[102]. Ésta última se conserva durante todo el período de vigencia —incluso prorrogada— del presupuesto, "de suerte que el Gobierno puede pretender legítimamente que las previsiones económicas en él contenidas se observen rigurosamente en el curso de su ejecución"[103].

Expresado en otros términos, mientras no se produzca una retirada formal de la confianza obtenida con la investidura, el Parlamento no puede obstaculizar la acción del Gobierno mediante la desnaturalización de su programa económico. Tal es el fundamento de la facultad de veto conferida al Ejecutivo: la conservación del instrumento económico en el que se basa su programa político. Veto presupuestario que, *a fortiori*, constituye un claro exponente de ese "parlamentarismo racionalizado", imperante hoy en día, en el que los Ejecutivos aparecen claramente reforzados.

Así pues, la exigencia de conformidad gubernamental a las iniciativas legislativas con repercusión en el presupuesto se erige en una auténtica garantía, permitiendo que sus previsiones se observen rigurosamente durante la ejecución del mismo. Dicho sin ambages, tras la aprobación del presupuesto no cabe alterar, sin el consentimiento del Ejecutivo, el equilibrio de los estados de ingresos y

---

102 Fundamento Jurídico quinto.

103 Fundamento Jurídico sexto.

gastos. De ahí que, precisamente, la potestad establecida en el artículo 134.6 de la Constitución, que deberá ejercerse por el Gobierno de forma expresa y motivada, se circunscriba al mismo ejercicio presupuestario, sin que quepa su proyección a otros futuros.

A la luz de todo ello, el Tribunal Constitucional entiende que la reforma del Reglamento de la Asamblea de Extremadura priva al Gobierno autonómico, en puridad, de su facultad de veto. La atribución al Pleno de la decisión final sobre la concurrencia de las circunstancias habilitantes del veto presupuestario contraviene la regulación estatutaria y, por ende, muta el sistema de relaciones entre el Ejecutivo y el Legislativo, en claro detrimento del primero.

Ciertamente, la correlación de fuerzas entre ambos poderes quedaría desnivelada si se permite que la Asamblea pueda enjuiciar la oposición gubernamental a una iniciativa legislativa con incidencia presupuestaria e, incluso, rechazarla si la estima manifiestamente infundada. Dado que el veto presupuestario es una potestad del Ejecutivo, la oportunidad de su ejercicio no puede ser objeto de control parlamentario.

En este sentido, el Tribunal Constitucional concluye que el Gobierno es el único órgano habilitado para dilucidar la afectación presupuestaria de una determinada enmienda o proposición de ley. De lo contrario, el órgano parlamentario podría acabar transformando unilateralmente el programa económico del Gobierno, respecto del que ya había prestado su conformidad, además, mediante la aprobación de los correspondientes presupuestos. Desde ese momento, el Gobierno goza de la aquiescencia de la Cámara para llevar a cabo su ejecución, por lo que dentro de su período de vigencia no tienen cabida decisiones parlamentarias que socaven esa confianza previamente otorgada con la adopción del presupuesto[104].

2.2. *La Sentencia del Tribunal Constitucional 242/2006, de 24 de julio*

Este segundo pronunciamiento[105] resuelve, en cambio, un recurso de amparo contra un acuerdo de la Mesa del Parlamento vasco por el que, aceptando la disconformidad del Ejecutivo autonómico, se había inadmitido a trámite una proposición de ley del Grupo Parlamentario Popular para la reforma del régimen presupuestario de la Comunidad Autónoma. A juicio del Gobierno vasco, esta modificación —que preveía el mantenimiento de las aportaciones de las Diputaciones Forales a la Hacienda vasca en caso de prórroga de los presupuestos— implicaba una disminución de ingresos presupuestarios, dándose así el presupuesto habilitante para vetar dicha iniciativa legislativa[106].

Para los recurrentes, en el presente supuesto se ha producido una vulneración del *ius in officium* de los parlamentarios, reconocido en el artículo 23 de la Constitución española. Dado que el veto presupuestario conlleva una importante limitación de la función legislativa, su mo-

---

104 *Ibídem.*

105 ECLI:ES:TC:2006:242.

106 Antecedente segundo.

tivación debe ser suficiente, lo que exige acreditar que la proposición respecto de la que se manifiesta la disconformidad tiene incidencia en el ejercicio presupuestario en curso. De este modo, ni el Ejecutivo puede aplicar su veto en relación con medidas que se proyecten sobre ejercicios futuros, ni cabe que la Mesa bloquee las iniciativas de los grupos parlamentarios aduciendo, simplemente, que la oposición gubernamental no presenta un carácter manifiestamente infundado[107].

Por su parte, el Letrado Mayor del Parlamento Vasco niega que se haya conculcado el derecho a la participación política de los recurrentes. En su opinión, la actuación de la Mesa de la Cámara resulta adecuada, en tanto se limitó a comprobar que el escrito de disconformidad del Gobierno estaba provisto de motivación y que ésta no era manifiestamente infundada. Lo que en ningún caso procede es que la Mesa entre a valorar y discutir la fundamentación del veto del Ejecutivo, puesto que ello sería tanto como sustituirlo en el ejercicio de esta potestad. Basta, pues, con que la Mesa verifique la verosimilitud, lógica y coherencia de los argumentos gubernamentales, sin que esto signifique que los comparta o asuma, ni tampoco que sean los únicos posibles[108].

En cambio, el Ministerio Fiscal se pronunció favorablemente a la estimación del recurso de amparo. A su juicio, la facultad gubernamental de veto queda circunscrita al presupuesto vigente, no pudiendo extenderse a otros ejercicios al tratarse de un mecanismo de garantía de las

---

[107] Antecedente tercero.

[108] Antecedente octavo.

partidas ya aprobadas. Por tanto, la Mesa debería haber admitido a trámite la proposición, dada su vocación de futuro y la no afectación del presupuesto en ejecución. De lo contrario, se estaría privando "a los parlamentarios de su derecho a controlar las previsiones legislativas referidas al futuro, aunque éste sea próximo o inmediato"[109].

Finalmente, el Tribunal Constitucional denegó el amparo solicitado, al entender que la decisión de la Mesa de inadmitir la proposición de ley no había vulnerado los derechos atribuidos a los parlamentarios por el artículo 23 de la Carta Magna. A tales efectos, se analizan las funciones de la Mesa de la Cámara en relación con el veto presupuestario, así como los requisitos para su ejercicio por parte del Gobierno.

En primer lugar, el Tribunal recuerda que la potestad de veto se basa en la confianza que el Parlamento confiere al Gobierno, a través de la aprobación del presupuesto, para ejecutar su programa anual de política económica, sin que pueda desvirtuarse a través de iniciativas legislativas parlamentarias[110].

En segundo lugar, se reconoce que la inadmisión por la Mesa de iniciativas legislativas, como consecuencia de la aceptación del veto presupuestario del Gobierno, puede colisionar con los derechos contemplados en el artículo 23 de la Constitución.

En este sentido, el Tribunal recalca la legitimidad constitucional del control que ejercen las Mesas sobre los es-

---

[109] Antecedente noveno.

[110] Fundamento Jurídico tercero.

critos y documentos parlamentarios, en coherencia con su función jurídico-técnica de ordenar y racionalizar el funcionamiento de las Cámaras, para una mayor eficiencia como foro de debate y participación de la cosa pública. Por consiguiente, estos órganos son competentes para verificar la regularidad jurídica de las iniciativas legislativas, comprobando al menos si cumplen los requisitos formales normativamente exigidos e, incluso, denegando su toma en consideración por el Pleno en caso de inobservancia.

Sin embargo, esta clase de control no puede esconder un juicio de oportunidad política sobre la medida propuesta, cuya realización corresponde, en realidad, a la Cámara. Además, la posible inadmisión por la Mesa de las iniciativas legislativas debe estar motivada, al implicar una limitación del derecho a ejercer la función parlamentaria —y, a su vez, del derecho de participación ciudadana—[111].

En concreto, por lo que respecta a las proposiciones de ley con incidencia presupuestaria, es cierto que su rechazo por la Mesa podría conllevar una restricción del *ius in officium* protegido constitucionalmente. Pero también cabe que la Mesa acepte la disconformidad gubernamental con la iniciativa si no la estima manifiestamente infundada, operando el veto en estos supuestos como un límite válido a los derechos de los parlamentarios.

Para el Tribunal Constitucional, la facultad de veto se halla sometida a un régimen jurídico que integra elementos de orden formal y material. Éstos últimos se reconducen, básicamente, a la concurrencia de su supuesto

---

[111] Fundamento Jurídico cuarto.

fáctico —la incidencia presupuestaria de la iniciativa legislativa—, permitiéndose un control por la Mesa desde la perspectiva de la proporcionalidad y razonabilidad, pero de una intensidad menor para no obstaculizar el ejercicio del veto.

Así pues, la salvaguardia de la funcionalidad de esta institución obliga a circunscribir esta fiscalización, en última instancia, a los supuestos de arbitrariedad. Por tanto, bastaría con que la Mesa no considere que el criterio del Ejecutivo resulta manifiestamente irrazonable para inadmitir la proposición de ley. Máxime cuando, en este caso, el Reglamento del Parlamento vasco le otorga un cierto margen para apreciar cuándo puede entenderse producido el impacto presupuestario de la medida en cuestión.

Ahora bien, el Tribunal advierte la necesidad de algún tipo de motivación, por parte de la Mesa, respecto al carácter no infundado de la disconformidad gubernamental. Pese a ello, parece aceptarse una simple remisión implícita al criterio del Ejecutivo, al estimar que de esta forma también se posibilita conocer las razones en que se sustenta la repercusión presupuestaria de la proposición.

En opinión del Tribunal Constitucional, la motivación gubernamental del veto —asumida tácitamente por la Mesa— no carece de verosimilitud y lógica, dado que se explica con datos objetivos la disminución de ingresos que supondría el mantenimiento de las aportaciones de los Territorios Forales a los presupuestos del País Vasco, previsto en la reforma. *A fortiori*, el Tribunal desliza que una exégesis del ámbito temporal del veto desvinculada del presupuesto en vigor, como la efectuada por el Ejecutivo, tampoco resulta absolutamente arbitraria o irrazonable, amén de que no es del todo descartable que la iniciativa legislativa acabe afectando al ejercicio en curso.

En definitiva, puesto que el criterio del Gobierno no puede tacharse de manifiestamente infundado, la inadmisión por la Mesa de la proposición de ley no viola los derechos otorgados a los parlamentarios en el artículo 23 de la Carta Magna. De hecho, este órgano no puede ir más allá en su función de control de la disconformidad gubernamental, so pena de vaciar de contenido una potestad, como la de veto, reconocida también a nivel constitucional y estatutario[112].

3. LOS PRONUNCIAMIENTOS A PARTIR DE 2018

3.1. Los conflictos de atribuciones entre el Gobierno y la Mesa

3.1.1. La Sentencia del Tribunal Constitucional 34/2018, de 12 de abril

En este pronunciamiento[113] el Tribunal Constitucional resuelve el conflicto entre órganos constitucionales del Estado promovido por el Gobierno contra un acuerdo de la Mesa del Congreso, por el que se rechazaba la disconformidad del Ejecutivo, en uso de la prerrogativa del artículo 134.6 CE, a la tramitación de la proposición

[112] Fundamentos Jurídicos quinto y sexto.

[113] ECLI:ES:TC:2018:34.

presentada por el Grupo Parlamentario Socialista sobre la suspensión del calendario de la implantación de la Ley Orgánica 8/2013, de 9 de diciembre, para la mejora de la calidad educativa —en adelante, LOMCE—.

El Gobierno había basado su disconformidad a la tramitación de dicha proposición en un informe del Ministerio de Educación, Cultura y Deporte, adjunto al expediente, con el que se pretendía acreditar la disminución de ingresos que aquélla podría suponer en relación con las previsiones contenidas en la Ley de Presupuestos Generales del Estado. Es decir, el Ejecutivo expresó su oposición a la iniciativa parlamentaria al entender que afectaba a los presupuestos para 2016, en vigor en el momento de la presentación del conflicto. Para ello, apoyaba su motivación en el referido informe, aduciendo que la implantación de la LOMCE estaba cofinanciada a través del Fondo Social Europeo y que su paralización implicaría muy probablemente la pérdida de dichos ingresos —cuantificados en una importante suma de dinero—, a causa del incumplimiento de las condiciones del programa[114].

Sin embargo, la Mesa del Congreso admitió a trámite la proposición, al estimar que el Gobierno no había justificado que la misma incidiese en el presupuesto en vigor, lo que constituye un requisito *sine qua non* para el ejercicio de la facultad gubernamental de veto. Además, se afirma que la Mesa debe controlar la motivación de la disconformidad formulada por el Ejecutivo, rechazando aquellas decisiones que sean arbitrarias o manifiestamente irra-

---

114 Antecedente primero.

zonables, en defensa del *ius in officium* de los diputados y, por extensión, de la función legislativa. De este modo, considera que en el presente supuesto no existe una motivación objetiva y suficiente que conecte la iniciativa legislativa con una disminución de ingresos del presupuesto en curso.

Seguidamente, el Consejo de Ministros acordó interponer un conflicto de atribuciones, estimando que el Congreso —a través de la Mesa— había ignorado competencias constitucionales del Gobierno, vulnerando así los artículos 134.6 de la Constitución y 126.2 del Reglamento del Congreso de los Diputados. De esta manera, se entiende cumplida la exigencia de motivación, al haberse cuantificado por el Ejecutivo la disminución de los ingresos presupuestarios que conllevaría la pérdida total o parcial de los fondos europeos, derivada de la pretendida paralización de la LOMCE.

Por su parte, la Letrada de las Cortes Generales alegó que el Gobierno no había identificado, en ningún momento, la partida presupuestaria que demostrara que la financiación de la LOMCE con cargo al Fondo Social Europeo constituía un ingreso presupuestario, al no especificarse su previsión concreta en el estado de ingresos de la Ley de Presupuestos Generales del Estado del correspondiente año. A su juicio, el artículo 134.6 de la Constitución se refiere estrictamente al aumento de unos créditos o disminución de unos ingresos ya consignados en el presupuesto, por lo que el Gobierno no dispone de un poder incondicionado para oponerse a la tramitación de proposiciones o enmiendas que carezcan de una vinculación precisa con la norma presupuestaria en vigor[115].

Por ello admite, a la luz de las anteriores sentencias del Tribunal Constitucional de 2006 sobre el veto presupuestario[116], la fiscalización de su ejercicio por parte de la Mesa, la cual se extendería a los aspectos tanto formales como materiales: "La Mesa podrá controlar, por tanto, que el acto de disconformidad del Gobierno venga fundamentado, entendiendo por tal la existencia de motivación, la extensión, la suficiencia formal y los requisitos de fondo de la motivación, que son resumidamente la ausencia de error patente y la razonabilidad de la respuesta"[117].

En definitiva, la Letrada de las Cortes Generales afirma la existencia de ciertos requisitos normativamente inherentes a la facultad gubernamental prevista en el artículo 134.6 de la Constitución española, reconducibles a que el aumento de créditos o disminución de ingresos sean reales e identificables y se concreten en una determinada partida de la propia ley de presupuestos. Lo que no acaece en el presente supuesto, ya que únicamente se apunta una hipotética pérdida futura de ingresos, insuficiente —por su falta de conexión directa con el presupuesto en curso— para limitar la iniciativa legislativa de la Cámara.

Así pues, el Tribunal Constitucional tenía que resolver, en última instancia, si la Mesa del Congreso se había ex-

---

115 Antecedente tercero.

116 Sentencias del Tribunal Constitucional 223/2006, de 6 de julio, y 242/2006, de 24 de julio.

117 Antecedente tercero.

tralimitado en sus funciones, impidiendo ilegítimamente el ejercicio de la potestad atribuida al Gobierno por el artículo 134.6 de la Constitución. Y, dado que este precepto no establece ninguna previsión adicional en cuanto al procedimiento a seguir para el ejercicio y control del veto presupuestario —tampoco los artículos 111 y 126 del Reglamento del Congreso de los Diputados—, el máximo intérprete constitucional se vio obligado a realizar, por vez primera, una completa exégesis del mismo que integrase esas lagunas sustantivas y procedimentales[118].

Cierto es que el Tribunal Constitucional ya había tenido ocasión de pronunciarse anteriormente sobre el veto presupuestario en el ámbito autonómico. Pero ahora se reconoce la insuficiencia de la doctrina sentada en las Sentencias 223/2006 y 242/2006 para resolver el presente conflicto entre órganos constitucionales, en el que deviene necesario precisar el alcance del artículo 134.6 de la Carta Magna y, en concreto, delimitar las respectivas facultades del Gobierno y de la Mesa de la Cámara a tales efectos.

Para ello, el Tribunal Constitucional parte de la doctrina sobre el reparto de competencias presupuestarias entre Ejecutivo y Legislativo, sobre la base del sistema de contrapoderes diseñado en el artículo 134. No obstante, se reconoce el papel preponderante del Gobierno en el presupuesto, dada su íntima vinculación con la propia función ejecutiva, lo que hoy en día constituye un rasgo común en los sistemas políticos de nuestro entorno. Y, en esta línea, una de las expresiones de dicha prevalencia gu-

---

118 Fundamento Jurídico cuarto.

bernamental es la del control de las cifras generales del documento presupuestario, mediante la figura del veto[119].

Ahora bien, el Tribunal Constitucional matiza, en relación con el artículo 134.6, que la disconformidad gubernamental sólo puede recaer sobre iniciativas parlamentarias que incidan en el mismo presupuesto, pues su finalidad es "salvaguardar la autorización ya obtenida por el Ejecutivo del Legislativo sobre el volumen de ingresos y gastos públicos, permitiendo así que el primero pueda desarrollar plenamente sus potestades sobre la ejecución del gasto, y, en suma, su propia acción de Gobierno (art. 97 CE). Por ello, aunque el denominado «veto presupuestario» sea un reflejo de la confianza otorgada por la Cámara, que no podrá después, yendo contra sus propios actos, retirar de forma indirecta por la vía de una iniciativa parlamentaria, lo determinante para su régimen jurídico es la propia función instrumental que el presupuesto cumple al servicio de la acción del Gobierno"[120].

Sobre esta premisa, el Tribunal Constitucional procede seguidamente a fijar la configuración jurídica del veto presupuestario contemplado en el artículo 134.6 de la Carta Magna. Todo ello, además, desde una perspectiva múltiple, analizando su alcance objetivo, temporal, formal y procedimental, en aras de clarificar tanto las condiciones de su ejercicio por parte del Ejecutivo, como la facultad de control de la disconformidad gubernamental de que dispone la Mesa de la Cámara[121].

---

119 Fundamento Jurídico sexto.

120 Fundamento Jurídico cuarto.

121 Fundamento Jurídico séptimo.

En primer lugar, en cuanto al ámbito objetivo, el Tribunal Constitucional afirma que "la limitación que al poder legislativo del Parlamento establece el artículo 134.6 CE sólo es predicable de medidas que incidan directamente sobre el presupuesto aprobado". De modo que, aun cuando reconoce que el Ejecutivo tiene el control sobre la modificación presupuestaria, la propia literalidad del precepto "ciñe dicha potestad del Gobierno a los ingresos y gastos que estén efectivamente reflejados en el mismo presupuesto".

Así, no puede entenderse aplicable el veto presupuestario a cualquier propuesta de medida legislativa que, hipotética o indirectamente, pueda afectar al volumen de ingresos y gastos públicos o tener un impacto económico sobre alguna política pública, porque "rara vez las iniciativas parlamentarias serán enteramente neutrales en relación con las cuentas públicas". Dado que la prerrogativa del Ejecutivo prevista en el artículo 134.6 supone una clara limitación de la actividad legislativa, debe interpretarse restrictivamente y quedar circunscrita a aquellas proposiciones o enmiendas "cuya incidencia sobre el presupuesto del Estado sea real y efectiva".

En segundo lugar, por lo que respecta al alcance temporal del veto presupuestario, el Tribunal Constitucional entiende que "la conformidad del Gobierno ha de referirse siempre al presupuesto en vigor en cada momento, en coherencia con el propio principio de anualidad". La facultad del artículo 134.6 de la Constitución —también la del apartado quinto— tiene como finalidad "salvaguardar la disposición del Gobierno sobre su propio plan económico, una vez autorizado por el Parlamento"; de ahí su vinculación con el carácter anual del presupuesto.

Consecuentemente, se rechaza el ejercicio del veto en relación con presupuestos futuros, todavía no elaborados por el Gobierno ni aprobados por las Cortes Generales. El artículo 134.6 tan sólo resulta aplicable a aquellas proposiciones o enmiendas que afecten al presupuesto del ejercicio corriente, a pesar de los escenarios plurianuales en que pueda insertarse: "Ciertamente todo presupuesto está lógica y temporalmente conectado con las cuentas públicas aprobadas en ejercicios anteriores, y con las que se prevé elaborar para los ejercicios futuros, lo que encuentra su reflejo más evidente en los denominados «escenarios presupuestarios plurianuales» a que se refiere la Ley 47/2003, de 26 de noviembre, general presupuestaria (LGP), de acuerdo con los principios y reglas de programación presupuestaria (arts. 26 y ss. LGP). Sin embargo, tal conexión plurianual no desnaturaliza el carácter anual del presupuesto, por lo que el ejercicio de la potestad del artículo 134.6 CE se restringe, igualmente, a la afectación de una medida al presupuesto del ejercicio en curso".

Dos cuestiones adicionales a este respecto. De un lado, el Tribunal Constitucional considera como presupuesto en vigor, a efectos del artículo 134.6, tanto el autorizado expresamente por el Legislativo como aquél que ha sido objeto de prórroga presupuestaria, "pues no por ello deja de cumplir la función esencial de vehículo de dirección y orientación de la política económica del Gobierno". De otro lado, el veto se hace descansar en la confianza que el Parlamento, mediante la aprobación del presupuesto, confiere al Gobierno para ejecutar su programa anual de política económica, sobre la base de una suerte de doctrina de los actos propios que impide al Legislativo desatender su autorización inicial y desnaturalizarlo a través de ulteriores iniciativas parlamentarias.

Pero, por encima de todo, el Tribunal subraya que la finalidad del artículo 134.6 de la Carta Magna es la de salvaguardar la función propia del presupuesto, como herramienta para el desempeño de la labor que constitucionalmente se atribuye al Gobierno *ex* artículo 97 del texto constitucional. El veto es, pues, "un mecanismo que consiente al Gobierno defender su legítimo ámbito de actuación constitucionalmente previsto".

En tercer lugar, en lo que atañe a la motivación de la disconformidad gubernamental con la enmienda o proposición, el Tribunal Constitucional parte del silencio que a este respecto guarda el artículo 126 del Reglamento del Congreso de los Diputados, que se limita a exigir una respuesta expresa, sin mayores especificaciones acerca de su contenido. Pues bien, dado que el veto presupuestario restringe la propia función parlamentaria, se requiere una motivación materialmente suficiente que identifique las concretas partidas del presupuesto en curso que se verían afectadas por la iniciativa legislativa.

Esto no significa que el Gobierno carezca de un amplio margen de maniobra en relación con la apreciación de dicha incidencia presupuestaria. Pero, aun así, en la motivación de su disconformidad deberá indicar qué créditos en particular, de entre los contenidos en el presupuesto en vigor, quedarían comprometidos por la enmienda o proposición en cuestión. Ciertamente, si el veto sirve para asegurar el plan presupuestario anual del Ejecutivo, éste tendrá que exponer cómo y en qué medida la iniciativa legislativa puede alterar su núcleo esencial, constituido por la expresión cifrada de los ingresos y gastos del ejercicio.

En cuarto y último lugar, el Tribunal Constitucional se adentra en las cuestiones procedimentales, entre las que adquiere una importancia capital el rol desempeñado por la Mesa en el control del ejercicio del veto presupuestario. En este sentido, aunque el Reglamento del Congreso de los Diputados nada dice al respecto, se admite "un pronunciamiento de la Mesa sobre el carácter manifiestamente infundado del criterio del Gobierno, siempre y cuando resulte evidente, a la luz de la propia motivación aportada por éste, que no se ha justificado la afectación de la iniciativa a los ingresos y gastos contenidos en el propio presupuesto que, en cada ejercicio, cumple la función instrumental a la propia acción de Gobierno". Y ello a la luz de la función genérica que tiene atribuida este órgano cameral para calificar los documentos de índole parlamentaria que le remita el Ejecutivo, entre los que estaría comprendida también su respuesta disconforme con la enmienda o proposición.

Ahora bien, precisa el Tribunal Constitucional que el control de la Mesa presenta, en todo caso, un carácter jurídico-técnico, sin que pueda obedecer a criterios de oportunidad política. Por tanto, la Mesa podrá oponerse al veto cuando "el Gobierno no haya concretado la afectación al presupuesto", pero no se le permite sustituir la apreciación del Ejecutivo. Es decir, debe ceñirse a verificar que el Gobierno haya justificado suficientemente el cumplimiento de los requisitos materiales del artículo 134.6 de la Constitución, examinando que el impacto en el presupuesto en vigor sea "real y efectivo, y no una mera hipótesis".

De hecho, al Tribunal Constitucional tan sólo le corresponde determinar, en este conflicto de atribuciones, "si el rechazo al veto del Gobierno ha producido el menoscabo de la competencia que a éste le otorga el artículo 134.6 CE". Y ello pasa por analizar la motivación tanto del Gobierno a la hora de ejercer el veto, como de la Mesa de la Cámara para rechazarlo.

Pues bien, en el presente supuesto el Tribunal Constitucional considera que la decisión de la Mesa, por la que se opone al veto presupuestario del Gobierno, no ha producido menoscabo alguno de las competencias reconocidas en el artículo 134.6 de la Carta Magna[122]. De un lado, el Ejecutivo no ha precisado en qué medida se verían reducidos los ingresos estatales del presupuesto en curso como consecuencia de la iniciativa legislativa. De hecho, realmente nos encontraríamos ante una eventual afectación de los recursos de las Comunidades Autónomas —que no del Estado, en sentido estricto—, pues aquéllas serían las destinatarias finales de los fondos europeos. Pero es que, además, el informe del Ministerio de Educación, sobre el que se basa la argumentación del Gobierno, se refiere a las cuantías globales destinadas a la financiación de la LOMCE, sin proceder a su desglose anual, lo que no permite identificar la conexión inmediata de la medida propuesta con el presupuesto vigente.

[122] Fundamento Jurídico octavo.

De otro lado, esa pretendida merma de ingresos constituye, a lo sumo, una mera hipótesis, dependiente de una futura decisión de las instituciones europeas relativa a la gestión del Fondo Social Europeo. Y, en cualquier caso, una modificación de la normativa del programa objeto de financiación no tiene por qué desembocar irreparablemente en la pérdida de la misma; antes al contrario, puede llegar a ser hasta necesaria para la consecución de los objetivos marcados, que es lo verdaderamente relevante a tales efectos.

En conclusión, la insuficiencia de la motivación del Gobierno apreciada por la Mesa de la Cámara no supone, en opinión del Tribunal Constitucional, una vulneración del artículo 134.6, ya que el Ejecutivo no ha demostrado la existencia de una conexión efectiva entre la proposición de ley y los ingresos públicos estatales del ejercicio presupuestario en vigor. El veto presupuestario es "una prerrogativa del Ejecutivo que tiene, como presupuesto habilitante, la vinculación estricta a la norma presupuestaria, que debe por ello verse afectada". De este modo, el Gobierno debe explicitar una relación directa e inmediata de la medida propuesta con el presupuesto actual, sin que quepan vetos gubernamentales a proposiciones que, de forma hipotética o futura, pudieran incidir sobre los ingresos o gastos públicos, "pues ello supondría un ensanchamiento de la potestad de veto incompatible con el protagonismo que en materia legislativa otorga a las Cámaras la propia Constitución (art. 66 CE)".

3.1.2. La Sentencia del Tribunal Constitucional 44/2018, de 26 de abril

La naturaleza del objeto de este pronunciamiento del Tribunal Constitucional[123] es análoga al anterior, al resolver un conflicto entre órganos constitucionales del Estado promovido por el Ejecutivo contra el acuerdo de la Mesa del Congreso, por el que se rechazaba la disconformidad gubernamental a la tramitación de una proposición de ley, presentada por el Grupo Parlamentario Socialista, que pretendía modificar el artículo 42.1 del Estatuto de los Trabajadores para garantizar la igualdad en las condiciones laborales de los trabajadores subcontratados.

Así, con apoyo en un informe del entonces Ministerio de Hacienda y Administraciones Públicas, el Ejecutivo justificó su veto en el aumento de créditos que supondría la aprobación de esta medida para el sector público empresarial, ya que la mejora de las condiciones laborales de los trabajadores de las empresas subcontratistas conllevaría, en última instancia, un incremento de costes para las entidades públicas que contratasen los servicios de aquellas empresas. En cambio, la Mesa rehusó la oposición del Gobierno a la proposición de ley, acordando su admisión a trámite, por entender que no quedaba demostrado, de forma objetiva y suficiente, que la medida implicase un aumento de los créditos del presupuesto en vigor.

Ante esta situación, el Consejo de Ministros planteó un nuevo conflicto de atribuciones, con fundamento en lo dispuesto en los artículos 134.6 de la Constitución

---

[123] ECLI:ES:TC:2018:44.

y 126.2 del Reglamento del Congreso de los Diputados, defendiendo la observancia de la motivación exigida para el ejercicio del veto presupuestario. A tales efectos, se afirmaba que había quedado acreditado y cuantificado el incremento de créditos que implicaría para el sector público empresarial la aprobación de la proposición de ley y, por tanto, su incidencia en los Presupuestos Generales del Estado vigentes. Además, se aportaba un informe complementario en el que se exponía cómo dicha medida también comportaría, a su vez, una disminución de los ingresos, tanto del presupuesto del ejercicio en cuestión como del siguiente, al estar prorrogados.

A grandes rasgos, el razonamiento puede resumirse de este modo. De adoptarse la proposición de ley, las empresas públicas tendrían que asegurar la aplicabilidad, a los trabajadores de las subcontratas, de las mismas condiciones pactadas en el convenio para sus propios trabajadores, lo que implicaría un eventual aumento de los costes y, correlativamente, una reducción del beneficio de dichas entidades. El impacto presupuestario resultaría, pues, evidente, en la doble vertiente del ingreso —menores dividendos abonables en el Tesoro Público— y del gasto —mayores créditos presupuestarios para cubrir los desfases sobre los inicialmente previstos—. En consecuencia, no puede negarse la incidencia presupuestaria de la iniciativa legislativa, absolutamente justificada por el Gobierno en términos económicos, por lo que su disconformidad con la tramitación de la misma cumpliría sobradamente las exigencias de motivación requeridas por la doctrina constitucional. Concluyendo que, aun cuando la Mesa pueda examinar el contenido de dicha motivación, su fiscalización se circunscribe a que ésta no sea arbitraria o manifiestamente irrazonable, "pues de lo contrario estaría sustituyendo al Gobierno en el ejercicio de su prerrogativa constitucional"[124].

Por su parte, la Letrada de las Cortes Generales comienza, a modo de premisa, reivindicando la primacía constitucionalmente establecida de la función legislativa. Y, en este sentido, desliza que el artículo 134.6 supone una especie de inversión de la jerarquía normativa, al permitir que la potestad legislativa sea limitada por quien únicamente ostenta la de índole reglamentaria.

En cualquier caso, lo relevante es que, a su juicio, el Ejecutivo no ha demostrado que la proposición de ley objeto de veto lleve aparejado un aumento de los créditos previstos en la Ley de Presupuestos Generales del Estado de ese ejercicio. En el informe inicial que se acompañó a la disconformidad gubernamental no aparecían identificadas las concretas partidas afectadas, "conteniendo una mera evaluación de impacto económico, atendiendo a los costes, pero no la justificación de un aumento de un crédito presupuestario en sentido formal". Es cierto que posteriormente, con ocasión del planteamiento del conflicto de atribuciones, se aportó un nuevo informe ampliatorio de los motivos justificativos del veto —en el que se añadía la repercusión de la medida en el presupuesto de ingresos estatales, pero sin precisar tampoco la correspondiente partida concernida—. Obviamente, este informe complementario no pudo ser, dada su extemporaneidad, valorado por la Mesa y, además, probaría la insuficiencia

124 Antecedente primero.

de la motivación original del Gobierno, no subsanable ya en esta fase procesal.

En esta línea, recuerda la Letrada de las Cortes Generales que el ejercicio de la facultad contemplada en el artículo 134.6 de la Constitución está sujeta a ciertas condiciones que, en definitiva, buscan que el veto sólo pueda recaer sobre medidas legislativas con incidencia directa y determinada en la norma presupuestaria en vigor, debiendo el Ejecutivo señalar, en la motivación de su disconformidad, los créditos o ingresos singularmente afectados. De hecho, la Mesa de la Cámara podrá controlar la proporcionalidad y razonabilidad de dicha justificación, oponiéndose al veto presupuestario del Gobierno cuando no cumpla con esos requisitos de fondo y forma.

Pues bien, en su opinión el veto gubernamental no se adecúa a tales exigencias en el presente supuesto, ya que la proposición de ley no tiene repercusión alguna en un crédito o ingreso presupuestario vigente. Ciertamente, los trabajadores sobre los que recaería la modificación normativa no son personal laboral estatal, por lo que en nada afectaría a los créditos autorizados a tal fin en los presupuestos. Por tanto, el acuerdo de la Mesa del Congreso se ajustaría a Derecho, puesto que el Ejecutivo no ha acreditado en su motivación la relación de causalidad que debe existir entre la iniciativa legislativa y el aumento de un crédito —o la disminución de un ingreso— presupuestario en concreto. Lo que no puede hacer el Gobierno es sustituir esa incidencia formal de la medida en el presupuesto por el simple impacto económico de la misma, en tanto llevaría implícita una exégesis extensiva de una excepción, como es el veto presupuestario, al pleno ejercicio de la potestad legislativa de las Cámaras.

A fortiori, la Letrada plantea la aplicabilidad del artículo 134.6 cuando el presupuesto esté prorrogado y haya sido aprobado por una Cámara de composición distinta a la actual, fruto del cambio de las mayorías parlamentarias en la nueva legislatura. En esta situación, la cuestión es si el veto gubernamental resultaría inoperativo hasta la aprobación de los siguientes presupuestos, sobre la base de que el Parlamento todavía no habría otorgado su confianza explícita al programa de política económica del Ejecutivo. Y todo ello sustentado en una concepción de los presupuestos —que parece apuntar el Tribunal Constitucional en sus Sentencias 223/2006 y 242/2006— como una suerte de continuación anual de la confianza otorgada en la investidura, sobre la que se sustenta la imposibilidad de que ulteriormente el Legislativo los altere a través de proposiciones o enmiendas[125].

Pues bien, para abordar el presente conflicto de atribuciones el Tribunal Constitucional se basa en la doctrina establecida en torno al veto presupuestario en su anterior Sentencia 34/2018, reproduciendo casi literalmente la construcción jurídica realizada sobre el alcance del artículo 134.6 de la Carta Magna. Así, se recuerda la exclusiva aplicabilidad del veto a las iniciativas legislativas que incidan directamente sobre el presupuesto estatal del ejercicio, no cabiendo su ejercicio en relación con aquellos que todavía no hayan sido elaborados por el Gobierno ni, por ende, aprobados por el Parlamento. Además, la disconfor-

---

125 Antecedente quinto.

midad gubernamental con la medida deberá precisar las partidas concretas del presupuesto en vigor que se verían afectadas, pudiendo la Mesa de la Cámara controlar —en atención a su función de calificación— dicha motivación desde una óptica jurídico-técnica[126].

Todo ello se enlaza, nuevamente, con el fin último de la figura prevista en el artículo 134.6, que no es otro que la salvaguardia de la autorización obtenida por el Ejecutivo del Legislativo sobre el volumen de ingresos y gastos públicos. Es decir, el veto sirve para asegurar la ejecución de su plan presupuestario y, por extensión, de la propia acción gubernamental, dado el carácter instrumental que aquél presenta con respecto a ésta. De ahí que no pueda referirse a presupuestos futuros, limitándose únicamente a los que ya estén en curso[127].

Sentado lo anterior, el Tribunal Constitucional entra seguidamente a valorar si el rechazo por la Mesa de la disconformidad gubernamental con la tramitación de la proposición de ley sobre la modificación del artículo 42.1 del Estatuto de los Trabajadores ha menoscabado, o no, la competencia atribuida al Gobierno por el artículo 134.6 de la Carta Magna. Lo que pasa por analizar si éste último justificó adecuadamente que dicha iniciativa legislativa comportase, de forma real y efectiva, un aumento de créditos o una disminución de ingresos del presupuesto vigente[128].

---

126 Fundamento Jurídico quinto.

127 Fundamento Jurídico cuarto.

128 Fundamento Jurídico sexto.

Para el Tribunal Constitucional, la motivación gubernamental no demuestra ese efecto directo en el presupuesto del ejercicio, al no identificar las partidas específicas que resultarían afectadas como consecuencia de la iniciativa legislativa. A su juicio, el Ejecutivo tan sólo aporta una estimación de su eventual impacto económico, claramente insuficiente a los efectos de entender acreditado el presupuesto habilitante del artículo 134.6.

En este sentido, se advierte que los destinatarios de la proposición de ley "son empresas privadas y sus trabajadores, no las empresas públicas, por lo que la reforma no puede afectar a créditos de personal o de otro tipo autorizados en la Ley de presupuestos generales del Estado para cumplir las obligaciones respecto del personal laboral del sector público estatal. Dicho de otro modo, es a las empresas contratistas y subcontratistas a las que corresponde garantizar a sus trabajadores la igualdad de condiciones laborales esenciales pretendida por la reforma, y no al empresario principal (sea este empresa pública o privada). El incremento de costes que se derive de esa obligación para contratistas y subcontratistas podrá repercutir o no en el precio de la contrata o subcontrata, dependiendo de las variables del mercado".

No hay, pues, una conexión directa entre la medida legislativa propuesta y el aumento de los créditos autorizados en el presupuesto para el personal laboral estatal. La relación de causalidad aducida por el Gobierno, de existir, es absolutamente indirecta, puesto que la reforma del artículo 42.1 del Estatuto de los Trabajadores en ningún caso contempla que la empresa principal tenga que asumir el incremento de los costes salariales de los trabajadores de las contratas y subcontratas.

Expresado en otros términos, el hecho de que dicho aumento pudiera acabar repercutiendo en las empresas públicas —al incrementarse el precio de las contratas— no deja de ser una mera hipótesis. En ningún caso se trataría de una consecuencia inmediata derivada de la aprobación de la proposición de ley, ya que ésta no prevé para la empresa principal responsabilidad alguna en relación con el cumplimiento de la obligación de equiparar las condiciones laborales de los trabajadores subcontratados. El posible traslado de ese incremento de los costes por parte de las contratas y subcontratas constituye una mera presunción que, *per se*, no basta para sustentar materialmente el ejercicio del veto gubernamental[129].

En definitiva, la ausencia de una motivación suficiente por parte del Gobierno acerca de la incidencia de la iniciativa legislativa en el presupuesto en curso hace que la decisión de la Mesa del Congreso, denegatoria del veto, no suponga una violación del artículo 134.6 de la Constitución. Sin esa justificación de la repercusión presupuestaria de la medida, que acredite las partidas concretas realmente afectadas, no puede operar una facultad, como la de veto, que lleva aparejada una evidente restricción de la función parlamentaria.

---

[129] Fundamento Jurídico séptimo.

3.2. Los recursos de amparo por infracción del *ius in officium* del artículo 23 de la Constitución

3.2.1. La Sentencia del Tribunal Constitucional 94/2018, de 17 de septiembre

A diferencia de las dos sentencias anteriores, en este caso[130] el Tribunal Constitucional se pronunció sobre el veto presupuestario con ocasión de la resolución de un recurso de amparo interpuesto contra el acuerdo de la Mesa del Congreso que, con aceptación del criterio del Gobierno, denegó la tramitación de la proposición de ley relativa al cierre de las centrales nucleares instaladas en España, presentada por el Grupo Parlamentario Confederal de Unidos Podemos.

Así, el Ejecutivo había manifestado su disconformidad con dicha iniciativa legislativa por su incidencia presupuestaria, en la doble vertiente de aumento de créditos y disminución de ingresos. A tales efectos, se acompañaba un informe del Gabinete del Ministerio de Energía, Turismo y Agenda Digital, en el que se señalaba que el desmantelamiento de las centrales nucleares, de un lado, mermaría la recaudación tributaria y, de otro, podría generar la exigencia de responsabilidad patrimonial por los titulares de las instalaciones que hubieran solicitado una renovación de su autorización e invertido en su mantenimiento.

A mayor abundamiento, el Gobierno entendía que la figura del veto prevista en el artículo 134.6 de la Constitución no queda circunscrita tan sólo a las medidas que

---

130 ECLI:ES:TC:2018:94.

afecten a los presupuestos en curso, abarcando también aquellas cuyos efectos se demoren a ejercicios posteriores, como sucedía en el presente supuesto. Y ello porque lo contrario supondría desconocer el escenario presupuestario plurianual de tres años al que debe sujetarse la acción de gobierno, así como el objetivo de estabilidad presupuestaria fijado por el Gobierno y aprobado por las Cortes Generales con idéntica vigencia. Además de producirse, por otra parte, una invasión de la competencia exclusiva para la elaboración del proyecto de Ley de Presupuestos Generales del Estado, que el apartado tercero del precepto constitucional otorga al Ejecutivo, al condicionar en cierta medida su futura configuración cuantitativa.

La Mesa del Congreso, admitiendo la motivación dada por el Gobierno, acordó que no procedía acceder a la toma en consideración por el Pleno de la proposición de ley, ante lo que el referido grupo parlamentario solicitó la oportuna reconsideración. En su escrito, se insistía en que la iniciativa legislativa no repercutía en el presupuesto vigente, pues el cierre de todas las centrales se posponía más allá, incluso, del escenario plurianual invocado por el Ejecutivo. Sin embargo, la Mesa desestimó dicha reconsideración, una vez oída la Junta de Portavoces, aduciendo que tal diferimiento no impedía la existencia de un impacto presupuestario en los años previos[131].

Frente a esta situación, el portavoz del Grupo Parlamentario Unidos Podemos presentó demanda de amparo, por vulneración del derecho de participación en los asuntos públicos consagrado en el artículo 23.2 de la Consti-

---

131 Antecedente segundo.

tución española. En el recurso se esgrime, como motivo principal, una extensión inapropiada del ámbito temporal del artículo 134.6, afirmando que la potestad de veto no puede recaer sobre medidas que afecten a ejercicios futuros, respecto de los que todavía no ha sido aprobado el presupuesto anual correspondiente. Subsidiariamente, se denuncia la falta de motivación de los acuerdos desestimatorios de la Mesa de la Cámara, ya que éstos se remiten a lo expuesto por el Ejecutivo sin incorporar una argumentación independiente, a través de la cual se fiscalice el ejercicio del veto presupuestario.

Centrándonos en el primero de los motivos del recurso de amparo, el mismo entronca con una de las cuestiones nucleares que plantea el alcance temporal de la facultad reconocida al Ejecutivo por el artículo 134.6 de la Constitución. La cual se reconduce, en definitiva, a si el veto únicamente se proyecta sobre medidas que afecten al presupuesto en curso o, por el contrario, puede ampliarse a otros futuros sobre la base del principio de estabilidad presupuestaria.

Para el recurrente, únicamente cabe la oposición gubernamental a la tramitación de una proposición de ley cuando ésta última conlleve un aumento de los gastos o disminución de los ingresos previstos en la ley de presupuestos vigente. Atendiendo tanto a la letra de la Constitución como a la naturaleza y finalidad de la institución del veto, la afectación del presupuesto parlamentariamente aprobado se erige en requisito *sine qua non* para la aplicación del artículo 134.6.

En su opinión, no puede vincularse la facultad de veto al cumplimiento de los objetivos de estabilidad presupuestaria, ni tampoco equipararse el programa económico de la ley de presupuestos al escenario presupuestario plurianual, en cuanto a la necesidad de asegurar su ejecución. Una extensión analógica del ámbito del artículo 134.6 que permitiera su aplicación en relación con la planificación de los tres años siguientes podría contravenir la interpretación restrictiva que, en todo caso, debe realizarse de las normas limitativas de los derechos fundamentales.

En este sentido, no parece haber base jurídica en la que anclar dicha exégesis, ni en la Constitución ni en la Ley Orgánica de Estabilidad Presupuestaria y Sostenibilidad Financiera. De este modo, no cabe aplicar el veto para una finalidad distinta a la de blindar la ejecución del propio presupuesto, como puede ser la consecución de los citados objetivos de estabilidad, ya que aquél y éstos no responden a la misma naturaleza, fundamento, procedimiento o efectos. Lo que impide, en definitiva, la extrapolación de la garantía de la ejecución gubernamental del presupuesto, que supone el veto, al ámbito de la estabilidad presupuestaria. En caso contrario, se estaría cercenando el debate y el pluralismo político, en tanto una ampliación de la facultad gubernamental del artículo 134.6 de la Constitución, que permitiera anudar el veto a los objetivos de estabilidad presupuestaria, conllevaría un vaciamiento fáctico de la iniciativa legislativa de la oposición y, por ende, una restricción del derecho de participación política[132].

Ésta es, asimismo, la línea seguida por el Ministerio Fiscal, al entender vulnerado el artículo 23 de la Consti-

---

132 Antecedente tercero.

tución como consecuencia de esa extensión del ámbito temporal del veto presupuestario. De nuevo, se recuerda que la repercusión presupuestaria de la medida legislativa propuesta debe referirse al ejercicio en curso y, por tanto, tener incidencia en los ingresos y gastos incluidos en la ley de presupuestos en vigor. Efecto que no ha logrado acreditar el Gobierno, al apoyar su motivación sobre meras estimaciones e hipótesis futuras que, además, fueron inapropiadamente asumidas por la Mesa del Congreso, obviándose así el control que ésta debe efectuar sobre la concurrencia del presupuesto material del artículo 134.6 de la Constitución[133].

En cambio, la Letrada de las Cortes Generales defendía la adecuación de los acuerdos adoptados por la Mesa, en virtud de los cuales se aceptaba la disconformidad gubernamental con la tramitación de la proposición de ley. A tales efectos, partía del reconocimiento al órgano cameral de un margen de apreciación de las condiciones de admisibilidad de la iniciativa legislativa, teniendo esta decisión un carácter político que, siempre y cuando esté basada en una interpretación razonable, impide su reconstrucción o sustitución por el tribunal revisor, so pena de incurrir en una injerencia competencial.

A fortiori, la Letrada argumenta el advenimiento de un nuevo marco constitucional presupuestario, tras la reforma del artículo 135 de la Carta Magna, en cuyo seno el artículo 134.6 no puede quedar extramuros de la regulación en materia de estabilidad presupuestaria. En su opinión, este contexto jurídico actual obliga a una exégesis

---

133 Antecedente séptimo.

conjunta de ambos preceptos que, cuando menos, pone en duda la estricta circunscripción del veto al presupuesto en vigor, dada la mutación del ciclo presupuestario que parece derivarse de la constitucionalización del principio de estabilidad presupuestaria. Así, el Gobierno ha de tener en cuenta tales exigencias "no sólo en el momento de elaborar el presupuesto, sino en cualquier momento en que tenga que adoptar decisiones que requieran un análisis de posibles efectos presupuestarios, como el del caso en que tenga que hacer uso de su facultad de veto (...)".

A partir de la reforma, la elaboración de los presupuestos aparece encuadrada en un marco a medio plazo, que no resulta incompatible con el principio de anualidad. De hecho, la actual legislación sobre estabilidad presupuestaria requiere conjugar ambos escenarios, anual y plurianual, "sin que la Mesa pueda ignorar esa realidad al calificar el escrito de disconformidad del Gobierno". En su opinión, la nueva redacción del artículo 135 de la Constitución afecta al fundamento constitucional del veto gubernamental y justifica la extensión de esta facultad a ejercicios futuros, ya que ahora se exige el cumplimiento de unos objetivos de estabilidad presupuestaria de carácter plurianual. Por tanto, la Ley Orgánica de Estabilidad Presupuestaria y Sostenibilidad Financiera se erige en base jurídica suficiente para esa interpretación extensiva del alcance temporal del artículo 134.6 de la Carta Magna, llegando incluso a afirmase una especie de superioridad jerárquica de aquélla con respecto a las leyes anuales de presupuestos.

En cualquier caso, una proyección temporal del veto gubernamental que tuviese en cuenta ese escenario plurianual, como la acaecida en el presente supuesto, no podría tildarse de arbitraria o manifiestamente infundada, a la luz del principio de estabilidad presupuestaria. Dicha razonabilidad bastaría para que la Mesa entendiese cumplido el presupuesto del artículo 134.6 de la Constitución, por lo que no cabe afirmar que se haya producido una dejación de su función de control.

En suma, para la Letrada de las Cortes Generales se impone una relectura de la facultad de veto que supere su limitación al presupuesto en curso, integrándola en esa configuración del ciclo presupuestario que, hoy en día, excede de la estricta anualidad. Lo contrario conllevaría desnaturalizar un principio constitucional, como el de estabilidad, que debe inspirar toda la materia presupuestaria. De ahí que, en este caso, no resulte irrazonable el ejercicio del veto gubernamental sobre una iniciativa legislativa con impacto en los ingresos y gastos de ejercicios comprendidos en ese escenario plurianual[134].

Pues bien, el Tribunal Constitucional aborda el recurso de amparo recordando la conexión directa existente entre el derecho de los ciudadanos a participar en los asuntos públicos y el relativo al ejercicio de cargo público representativo, consagrados en el artículo 23 de la Carta Magna. Dado que el primero opera y adquiere efectividad a través del segundo, ambos deben ser tenidos en cuenta en el enjuiciamiento de una posible vulneración de derechos fundamentales como la denunciada en este caso. Asimismo, se subraya que no toda infracción del *ius in officium* de los parlamentarios implicará una lesión de dicho derecho

---

[134] Antecedente octavo.

fundamental, sino únicamente aquélla que afecte al núcleo de su función representativa. Contenido esencial del que forma parte la presentación de proposiciones de ley, ya que su eventual inadmisión incidiría directamente en el ejercicio de la función parlamentaria.

De esta manera, los derechos fundamentales establecidos en el artículo 23 de la Constitución imponen una exégesis restrictiva de las normas que impliquen limitaciones a las atribuciones que integran el estatuto constitucionalmente relevante del representante público, así como también la motivación las razones de su aplicación. Lo que asimismo resultaría predicable, obviamente, del veto presupuestario recogido en el artículo 134.6 de la Carta Magna, en tanto su ejercicio impide la toma en consideración por la Cámara de las iniciativas legislativas de los parlamentarios[135].

En este sentido, el Tribunal Constitucional replica literalmente la construcción jurídica sobre el alcance del veto realizada en sus anteriores resoluciones, si bien matiza que el objeto central del presente enjuiciamiento viene constituido, en puridad, por el tipo de control que, sobre esa facultad gubernamental, puede efectuar la Mesa de la Cámara. Así, se le reconoce la posibilidad de "llevar a cabo un control reglado sobre el ejercicio de la facultad del Gobierno, de carácter técnico-jurídico, si bien no puede responder en ningún caso a criterios de oportunidad política". Esta fiscalización es doble, formal y material: respecto a la primera clase de control, consistiría simplemente en verificar la existencia o no de una respuesta expresa,

---

135 Fundamento Jurídico cuarto.

motivada y en plazo por parte del Ejecutivo, mientras que la segunda hace referencia a la necesidad de que la Mesa se pronuncie sobre el criterio manifestado en su caso por el Gobierno, en virtud de su función genérica de calificación.

Así, el órgano cameral podrá rechazar el veto gubernamental cuando devenga manifiestamente infundado, esto es, si se evidencia la falta de justificación de la repercusión de la iniciativa legislativa en los ingresos y gastos contenidos en el presupuesto en curso. No se trata de que la Mesa sustituya al Ejecutivo en la apreciación de dicha incidencia presupuestaria, pero sí debe constatar que la misma no sea meramente hipotética, sino real y efectiva. Expresado sin ambages, la Mesa ha de controlar que el Ejecutivo haya motivado el cumplimiento del presupuesto objetivo del artículo 134.6 de la Constitución.

Ahora bien, ese control de la Mesa no sólo se proyecta estrictamente sobre la potestad de veto del Gobierno, sino que también es susceptible de afectar al *ius in officium* de los parlamentarios. Ciertamente, la aceptación por el órgano cameral de la disconformidad del Gobierno, como sucede en el supuesto de autos, lleva aparejada la inadmisión de la iniciativa legislativa, lo que entrañaría una restricción de una de las manifestaciones del derecho fundamental previsto en el artículo 23.2 de la Carta Magna. Por eso, el acuerdo de la Mesa también ha de estar formal y materialmente motivado desde una óptica técnico-jurídica, sin que quepa entrar en un juicio sobre la oportunidad política de la medida que, en todo caso, correspondería realizar a la Cámara.

De hecho, no puede olvidarse que es responsabilidad de la Mesa velar por los derechos fundamentales de los parlamentarios, tal como recalca el Tribunal Constitucional. Función de garantía que, en relación con las iniciativas legislativas, se ejerce a través de una fiscalización autónoma de los posibles vetos que el Ejecutivo pretenda aplicar sobre las mismas[136].

Sentadas estas premisas, el Tribunal Constitucional estima que la decisión de la Mesa del Congreso, por la que se admitió la disconformidad gubernamental con la proposición de ley sobre el cierre de las centrales nucleares, lesiona los derechos establecidos en el artículo 23 de la Carta Magna. Y ello porque la aplicación del veto presupuestario a medidas que no se proyectan sobre el presupuesto actual, efectuada por el Ejecutivo, supone una contravención de la doctrina del Tribunal Constitucional relativa al artículo 134.6, de manera que la aceptación por la Mesa de este criterio gubernamental imposibilitó, inadecuadamente, la toma en consideración de la iniciativa legislativa por el Pleno de la Cámara, hurtándola al oportuno debate de oportunidad política.

Para el Tribunal Constitucional, "los acuerdos de la Mesa impugnados han vulnerado el derecho de participación política del recurrente, porque la aplicación de la facultad de veto del Gobierno, asumida por el órgano parlamentario, se ha fundamentado en una argumentación que debe reputarse como contraria al sentido y alcance del artículo 134.6 CE, en cuanto que ha considerado que el presupuesto habilitante de la misma (aumento de los

---

136 Fundamento Jurídico quinto.

créditos o disminución de los ingresos) debía extenderse a escenarios presupuestarios plurianuales, cuando es lo cierto que aquella únicamente puede venir referida a las partidas de gastos y previsión de ingresos presupuestarios, que hayan sido previamente aprobados por las Cortes Generales en la Ley anual de presupuestos generales del Estado y se refieran al presupuesto en vigor o al que lo esté en situación de prórroga. Solo de este modo es posible (…) apreciar la existencia de una eventual repercusión directa en los ingresos y gastos públicos consignados en los presupuestos correspondientes, en la medida en que, entonces, sí que se podría determinar con seguridad y claridad qué apartados de la proposición de ley presentada podrían afectar a las partidas presupuestarias en vigor e, igualmente, delimitar con exactitud la afectación de la iniciativa legal parlamentaria al presupuesto en ejecución".

Por tanto, el Tribunal Constitucional rechaza una posible vinculación del veto gubernamental con la consecución de los objetivos de estabilidad presupuestaria. Aun cuando reconoce la relación del presupuesto con las cuentas públicas pretéritas y futuras, esa conexión no desvirtúa el carácter anual del presupuesto, de modo que el artículo 134.6 de la Constitución —que no es sino una previsión atinente, *stricto sensu*, a esta institución— ha de referirse necesariamente al del ejercicio en curso.

En aras de reforzar ese ámbito temporal del veto, el Tribunal Constitucional vuelve a enlazar el fundamento de esta facultad con la confianza que el Parlamento ha depositado en el Ejecutivo para ejecutar un presupuesto que, tras su aprobación, contiene el programa económico gubernamental. Por ello, recae en el Ejecutivo el control de su ejecución, pudiendo oponerse a todas aquellas iniciativas legislativas que interfieran en la misma, pero sin que quepa extender ese veto más allá del presupuesto en vigor, pues de lo contrario se estaría limitando la autonomía constitucionalmente atribuida a las Cortes Generales.

A esta circunscripción anual del veto no obsta, pues, el establecimiento de objetivos de estabilidad para escenarios presupuestarios plurianuales que se proyecten sobre ulteriores ejercicios, puesto que carecen de las garantías propias de la ejecución del presupuesto en curso, a cuya salvaguardia obedece la potestad gubernamental establecida en el artículo 134.6 de la Constitución. Aquellos únicamente determinan el marco para la elaboración de los sucesivos presupuestos, sin que las partidas de gasto ni las previsiones de ingresos queden concretadas ni autorizadas para su futura ejecución. A lo que habría que añadir la eventual actualización o modificación de dichos objetivos que pueda producirse en tal período, a causa de los posibles cambios en los ciclos económicos o en las propias necesidades sociales.

Por consiguiente, la materialización específica de los ingresos y gastos susceptibles de ejecución gubernamental tan sólo viene determinada por la aprobación parlamentaria de las leyes anuales de presupuestos. De ahí que el ejercicio del veto no pueda abarcar iniciativas legislativas con una incidencia potencial en escenarios temporales posteriores a los del presupuesto vigente, ya que se estaría incurriendo en una dilatación de la potestad del artículo 134.6 que no responde a su auténtico fundamento.

De este modo, la posible reducción de los ingresos tributarios o el aumento de los gastos que pudieran ocasionarse como consecuencia de una eventual aprobación de la proposición de ley sobre el cierre de las centrales nucleares tal vez constituyan factores a tener en cuenta en la elaboración de los presupuestos futuros. Pero en ningún caso afectan al que se encuentra en vigor al tiempo de su presentación, lo que indefectiblemente comporta la inaplicabilidad del veto presupuestario[137].

Por todo ello, el Tribunal Constitucional acaba estimando el recurso de amparo, considerando que la decisión de la Mesa de admitir la disconformidad gubernamental con la iniciativa legislativa y declarar la improcedencia de su toma en consideración por el Pleno vulnera los derechos fundamentales plasmados en el artículo 23 de la Constitución. No obstante, en atención a la autonomía de las Cortes Generales y a las atribuciones de la Mesa, el Tribunal Constitucional no puede acceder a la pretensión del recurrente de acordar la admisión a trámite de la proposición de ley, puesto que ello corresponde únicamente al órgano parlamentario. De este modo, el alcance del fallo se limita a ordenar la retroacción de actuaciones para que se dicte un nuevo acuerdo que respete los derechos de participación política constitucionalmente reconocidos.

3.2.2. La Sentencia del Tribunal Constitucional 139/2018, de 17 de diciembre

Al igual que en el supuesto precedente, este pronunciamiento del Tribunal Constitucional[138] resuelve un

---

[137] Fundamento Jurídico séptimo.

[138] ECLI:ES:TC:2018:139.

recurso de amparo interpuesto contra el acuerdo de la Mesa del Congreso que, aceptando el veto gubernamental, determinó la improcedencia de someter a la consideración del Pleno una proposición de ley, presentada por el Grupo Parlamentario Socialista, sobre la modificación de la regulación de la unidad de convivencia a efectos del acceso y mantenimiento en la percepción de las pensiones de la Seguridad Social, en su modalidad no contributiva.

Ciertamente, el Ejecutivo había comunicado a la Mesa su disconformidad con la tramitación de dicha proposición de ley, al suponer un incremento de los créditos presupuestarios. A tales efectos, se acompañaba un informe del gabinete del Ministro de Hacienda y Función Pública en el que se aducía que la reforma del régimen jurídico de las pensiones no contributivas —planteada, además, con carácter retroactivo— comportaría un incremento del gasto público que, teniendo en cuenta el marco actual de consolidación fiscal, podría no ajustarse a los escenarios de los próximos ejercicios.

La Mesa del Congreso validó el criterio gubernamental y, ante la solicitud de reconsideración formulada por el grupo proponente de la iniciativa, concluyó que el Ejecutivo había justificado expresamente el impacto presupuestario directo que tendría la aprobación de dicha proposición de ley, resultando su motivación suficiente y no arbitraria. A su juicio, el veto a esta iniciativa legislativa respondía al aseguramiento de la ejecución del programa económico contenido en la ley de presupuestos, finalidad última de esta facultad gubernamental en el seno del denominado parlamentarismo racionalizado[139].

Seguidamente, la portavoz del Grupo Parlamentario Socialista planteó demanda de amparo frente a los acuerdos de la Mesa, alegando una vulneración de su derecho a ejercer las funciones y cargos públicos en condiciones de igualdad, reconocido en el artículo 23.2 de la Constitución. Y ello porque la inadmisión de la proposición de ley sobre la reforma de las pensiones no contributivas se apoya en una extensión del alcance temporal del veto presupuestario sin base jurídica, lo que supone una restricción arbitraria de las facultades constitucionalmente reconocidas a las Cortes Generales —como es la capacidad de iniciativa legislativa *ex* artículo 87.1— y del *ius in officium* de los parlamentarios.

Así, el ejercicio de la facultad gubernamental contemplada en el artículo 134.6 de la Constitución precisa que los ingresos o gastos afectados por la iniciativa legislativa que vaya a ser vetada sean los contenidos en el presupuesto del ejercicio. El único parámetro objetivo utilizable para valorar el impacto real de la proposición sólo puede venir constituido por el presupuesto vigente en el momento de su presentación, pues de lo contrario podría incurrirse en arbitrariedades por parte del Ejecutivo en la aplicación del veto.

De esta manera, la oposición gubernamental a la tramitación de la proposición de ley no puede ampararse en su hipotética repercusión en ejercicios presupuestarios

---

139 Antecedente segundo.

futuros, ya que éstos quedan fuera del radio de acción del artículo 134.6. Como el Ejecutivo no ha identificado claramente los créditos presupuestarios del ejercicio que se verían comprometidos por la iniciativa legislativa, no se puede entender acreditado el cumplimiento del presupuesto habilitante de dicho precepto constitucional.

En consecuencia, los acuerdos de la Mesa habrían lesionado el derecho fundamental de los recurrentes al ejercicio de su cargo, al aceptar una disconformidad del Gobierno con la iniciativa legislativa carente de una adecuada justificación. El órgano cameral no habría efectuado el correspondiente control de la motivación del veto del Ejecutivo, permitiendo un ejercicio arbitrario del mismo[140].

Por su parte, la Letrada de las Cortes Generales sí entiende acreditada la afectación del presupuesto en vigor, ya que el gasto derivado de las pensiones no contributivas se financia a través de créditos perfectamente identificables. La realidad del impacto presupuestario de la medida hace que el criterio del Ejecutivo se halle suficientemente justificado, ante lo cual la Mesa no pudo sino admitirlo, dado que su control debe limitarse a comprobar que la respuesta gubernamental no sea manifiestamente infundada[141].

Por el contrario, el Ministerio Fiscal rechaza la suficiencia y objetividad de la motivación del Gobierno. Por un lado, no cabe admitir una posible incidencia de la pro-

---

[140] Antecedente tercero.

[141] Antecedente séptimo.

posición de ley en escenarios presupuestarios futuros, en tanto "supone una clara extralimitación del alcance temporal de la facultad otorgada en el artículo 134.6 de la CE". Por otro, no se concreta el incremento real que la retroactividad de la reforma normativa supondría para los créditos relativos a pensiones no contributivas del presupuesto vigente en aquel momento.

Ante ello, no puede afirmarse que la Mesa haya llevado a cabo un adecuado control del veto gubernamental, al no haber verificado el cumplimiento del presupuesto material que habilita su ejercicio. Aunque la Mesa no pueda reemplazar la apreciación del Ejecutivo sobre la repercusión presupuestaria de las iniciativas legislativas, ni poner trabas al ejercicio del veto, sí que ha de velar por el respeto del *ius in officium* de los parlamentarios, lo que no parece haber acaecido en el presente caso[142].

En esta línea, el Tribunal Constitucional termina estimando la demanda de amparo al entender vulnerado el derecho garantizado por el artículo 23.2 de la Constitución, en relación con el apartado primero de este precepto, del que son titulares los recurrentes. Y ello porque la Mesa no ha desarrollado correctamente su función de calificación, consistente en comprobar que el Gobierno justifique el cumplimiento de los requisitos que permiten aplicar el veto del artículo 134.6, al rechazar una proposición de ley cuyo impacto real y efectivo en el presupuesto en vigor no estaba suficientemente acreditado[143].

---

142 Antecedente octavo.

143 Fundamento Jurídico séptimo.

De esta forma, el Tribunal vuelve a traer a colación su doctrina —a la que se remite íntegramente y que no reproducimos de nuevo para evitar reiteraciones[144]— sobre la facultad de veto del Gobierno y las atribuciones de la Mesa relativas a su control para concluir que la relación de causalidad entre la aprobación de la proposición de ley y su repercusión presupuestaria se basa en una mera hipótesis, posibilidad o conjetura. En definitiva, la Mesa del Congreso tenía que haberse opuesto a la disconformidad del Ejecutivo, admitiendo la toma en consideración por el Pleno de dicha iniciativa legislativa[145].

3.2.3. La Sentencia del Tribunal Constitucional 17/2019, de 11 de febrero

En este caso[146] el Tribunal Constitucional tuvo que resolver un recurso de amparo interpuesto por el Grupo Parlamentario Confederal Unidos Podemos contra la negativa, por parte de la Mesa del Congreso, de tramitar una proposición de ley para la modificación del Estatuto de los Trabajadores, que pretendía fortalecer la negociación colectiva en la regulación de las relaciones laborales. La Mesa había aceptado, pues, la disconformidad del Gobierno frente a dicha iniciativa legislativa, sobre la base de un informe de impacto presupuestario adjuntado por el Ejecutivo en el que se argumentaba el aumento de créditos que supondría su aprobación.

---

144 Fundamento Jurídico quinto.

145 Fundamento Jurídico sexto.

146 ECLI:ES:TC:2019:17.

Para el Gobierno, la proposición de ley pretende eliminar la flexibilización de la negociación colectiva introducida por la reforma laboral de 2012, lo que a la larga provocaría un incremento de los perceptores de prestaciones por desempleo y, por ende, del gasto público, como consecuencia del ajuste por vía de despidos que las empresas realizarían si acabara cristalizando tal iniciativa legislativa.

Téngase en cuenta que la proposición de ley posponía la entrada en vigor de las medidas que supusieran un aumento de los créditos o una disminución de los ingresos al ejercicio presupuestario siguiente. Ante ello, el Ejecutivo defendía que dicho diferimiento no impedía la aplicabilidad del veto previsto en el artículo 134.6 de la Constitución, ya que éste sirve para garantizar, de un lado, la competencia exclusiva estatal en materia de iniciativa legislativa presupuestaria —artículo 134.3—; y, de otro lado, los principios tanto de anualidad, unidad e integridad —artículo 134.2—, como de estabilidad presupuestaria —artículo 135—.

Así, una exégesis conjunta de todos estos preceptos conduciría a que el veto presupuestario pudiera proyectarse también sobre proposiciones de ley que fueran a tener efectos en ejercicios posteriores, ya que de lo contrario se estaría condicionando la elaboración de los futuros proyectos de ley de presupuestos, cuya competencia corresponde al Gobierno. Por ello, aun cuando la eficacia de las medidas se demore más allá del año en curso, la tramitación de la proposición legislativa debe contar con la conformidad del Ejecutivo para asegurar, de este modo, la intangibilidad de su iniciativa presupuestaria.

A fortiori, se trataría de impedir la quiebra de la unidad e integridad presupuestarias, en tanto la adopción de esas medidas de efecto diferido supondría la autorización futura de unos créditos sin que se hayan valorado, con carácter previo, el resto de necesidades objeto de financiación pública. Además, se pondría en riesgo evidente la observancia de los objetivos de estabilidad presupuestaria, los cuales se extienden allende el ejercicio corriente[147].

Siguiendo el criterio del Gobierno, la Mesa del Congreso inadmitió la iniciativa legislativa, frente a lo que el grupo proponente solicitó la reconsideración del acuerdo, alegando que la aceptación del veto vulneraba los derechos de participación política reconocidos en el artículo 23 de la Carta Magna, al carecer de una justificación objetiva, razonable y proporcional. Y ello porque las consecuencias que el Ejecutivo predica no dejan de ser una simple hipótesis sin incidencia, además, en el ejercicio presupuestario vigente.

La Mesa, oída la Junta de Portavoces, desestimó dicha reconsideración al entender suficientemente motivado el veto gubernamental a la iniciativa legislativa. La interpretación efectuada por el Gobierno sobre el alcance temporal del artículo 134.6, vinculada al escenario presupuestario plurianual que trae causa de la aprobación de los objetivos de estabilidad presupuestaria, se erige en un argumento bastante para estimar que aquél no ha incurrido en arbitrariedad a la hora de ejercer dicha facultad. Una vez comprobada la inexistencia de tal arbitrariedad, la Mesa no puede entrar en ulteriores valoraciones, so pena

---

[147] Antecedente segundo.

de acabar sustituyendo al Ejecutivo en la apreciación de la procedencia de una prerrogativa, como la de veto, que la Constitución atribuye únicamente a éste[148].

En cambio, la demanda de amparo de los recurrentes sostiene la violación de los derechos fundamentales previstos en el artículo 23 de la Constitución, debido a una aplicación inapropiada del veto presupuestario que restringe el *ius in officium* de los parlamentarios. En primer término, el Gobierno confunde impacto económico y presupuestario, siendo éste último el único presupuesto habilitante del ejercicio del veto. No se ha acreditado que la iniciativa legislativa suponga un incremento de los créditos o una disminución de los ingresos presupuestarios, sin que esta necesaria relación de causalidad pueda reemplazarse por una mera hipótesis de las repercusiones económicas negativas de la medida.

En segundo término, tampoco cabe ampliar la facultad de veto a ejercicios futuros para los que todavía no se ha aprobado presupuesto alguno. La previsión del artículo 134.6 de la Constitución no aparece referida a escenarios presupuestarios plurianuales, puesto que los objetivos de estabilidad a que alude el artículo 15 de la Ley Orgánica 2/2012 no son directamente ejecutables, a diferencia del propio presupuesto. El veto, pensado para salvaguardar la acción gubernamental, no puede anudarse a unos objetivos que no dejan de ser una mera orientación general y, por tanto, no susceptibles de ejecución inmediata. De admitirse esta exégesis expansiva del veto presupuestario, la iniciativa legislativa de la oposición quedaría claramen-

---

148 *Ibídem.*

te cercenada o, cuando menos, postergada en el tiempo. Pero es que tampoco se expone claramente por qué la aprobación de la proposición de ley llevaría aparejado el incumplimiento de dichos objetivos de estabilidad presupuestaria[149].

Por su parte, la Letrada de las Cortes Generales ya reconoce, de entrada, que la limitación que el artículo 134.6 impone a la función parlamentaria tan sólo resulta predicable de aquellas medidas que afecten directamente a los presupuestos aprobados, de acuerdo con la doctrina reciente del Tribunal Constitucional. Por consiguiente, no cabe acudir al principio de estabilidad presupuestaria para extrapolar el veto a ejercicios futuros.

Sin embargo, afirma que el Gobierno dispone de un amplio margen para apreciar si la iniciativa legislativa incide de forma real y efectiva en los ingresos o gastos del presupuesto en curso. Y, dado que el Ejecutivo ha identificado la partida presupuestaria comprometida por la medida —ésta es, la relativa a las prestaciones por desempleo—, su veto no podría considerarse irrazonable ni, por ende, arbitrario. Basta con que se indique la concreta afectación al presupuesto para que la oposición gubernamental a la iniciativa legislativa no pueda considerarse manifiestamente infundada, único supuesto —el de concurrencia de arbitrariedad— en el cual la Mesa podría rechazarla, pues no le está permitido entrar en juicios de oportunidad política.

---

149 Antecedente tercero.

A mayor abundamiento, el diferimiento de la entrada en vigor de aquellas medidas de la proposición de ley susceptibles de entrañar un aumento de los créditos o una disminución de los ingresos del presupuesto vigente parece constituir, en puridad, un mecanismo dirigido a sortear el artículo 134.6 de la Constitución. De hecho, si todas las iniciativas legislativas incorporasen dicha cláusula dilatoria, se podría llegar a desvirtuar este precepto, al devenir inaplicable en la práctica[150].

En cambio, el Ministerio Fiscal denuncia que el veto del Ejecutivo se basa en una hipótesis de impacto económico —indirecto, además— que no satisface el presupuesto material habilitante para el ejercicio de la facultad del artículo 134.6 de la Carta Magna. La disconformidad gubernamental no se encuentra suficiente y objetivamente razonada, al referirse a una eventual repercusión futura y no conectarse de modo directo con el presupuesto en curso. Extremo este que debía haber sido fiscalizado por la Mesa, al formar parte de ese control técnico-jurídico implícito en su función de calificación[151].

Pues bien, el Tribunal Constitucional finalmente estima vulnerado el derecho al ejercicio del cargo público parlamentario, en relación con el derecho de los ciudadanos a participar en los asuntos públicos a través de sus representantes, contemplados en el artículo 23. La Mesa del Congreso tendría que haber rechazado el veto del Gobierno frente a la proposición de ley, al exceder el ámbito

---

150 Antecedente octavo.

151 Antecedente noveno.

temporal de aplicación de esta potestad, que no puede ser otro que el ejercicio presupuestario en curso.

Por el contrario, este órgano consideró adecuada la motivación expresada por el Ejecutivo, cuando en ningún caso se fundamentó la existencia de una conexión directa entre la medida propuesta y el incremento de una concreta partida presupuestaria de gasto. No se ofrece, por tanto, ningún dato que objetivamente demuestre ese aumento del crédito presupuestario, más allá de meros pronósticos sobre una hipotética subida en el futuro del gasto en prestaciones por desempleo.

Así pues, la Mesa no ha cumplido con la función de control que le corresponde respecto a la disconformidad planteada por el Gobierno, asumiendo un criterio extensivo del veto presupuestario que cercena el *ius in officium* de los miembros de la Cámara, al restringir injustificadamente su iniciativa legislativa[152].

3.2.4. La Sentencia del Tribunal Constitucional 53/2021, de 15 de marzo

Este pronunciamiento del Tribunal Constitucional[153] tuvo por objeto el recurso de amparo contra la inadmisión a trámite, por la Mesa de la Asamblea Regional de Murcia, de una proposición de ley presentada por el Grupo Parlamentario Podemos, para la modificación de los derechos y deberes de los usuarios del sistema sanitario

---

152 Fundamento Jurídico cuarto.

153 ECLI:ES:TC:2021:53.

autonómico. Adviértase que esta iniciativa legislativa también posponía al ejercicio presupuestario siguiente la entrada en vigor de aquellas medidas que implicasen la realización de gastos.

De este modo, la Mesa entendió que la disconformidad del Consejo de Gobierno de la Región de Murcia con la tramitación de la proposición de ley estaba razonadamente fundamentada, al exponer que su aprobación implicaría un aumento de gasto no presupuestado. Añadiendo, en vía de reconsideración, que el ejecutivo autonómico había justificado adecuadamente la insuficiencia presupuestaria en el año en curso para implementar las medidas propuestas, ya que tendrían un coste económico que resulta imposible atender a la vista del presupuesto de dicho ejercicio[154].

Ante esta situación, se interpuso demanda de amparo alegando una lesión de los derechos contemplados en el artículo 23 de la Carta Magna. Así, se entiende afectado el núcleo esencial de la función parlamentaria por la decisión de la Mesa, puesto que la inadmisión de la iniciativa legislativa, al carecer de una apropiada motivación, supone una intromisión en la actividad política de los grupos parlamentarios de la Cámara.

En opinión del recurrente, el Consejo de Gobierno alude al coste económico que llevaría aparejada la proposición de ley, pero sin acreditar su incidencia directa en el presupuesto vigente —esto es, sin indicar las partidas presupuestarias afectadas—. Por ello, el ejecutivo auto-

---

[154] Antecedente segundo.

nómico realiza un uso abusivo de la facultad de veto, infringiendo aquella doctrina constitucional que exige una repercusión directa, concreta y efectiva de la iniciativa legislativa sobre el presupuesto en curso.

Consiguientemente, la inadmisión de la proposición de ley por la Mesa constituye una arbitrariedad, en tanto se sustenta en criterios de oportunidad política, que cercena el *ius in officium* de los representantes de los ciudadanos. Este órgano ha ignorado que su adopción no suponía —o, al menos, no se ha probado— un aumento de los créditos presupuestarios ya aprobados, máxime si se tiene en cuenta el diferimiento en el tiempo de la puesta en marcha de las medidas[155].

De otro lado, la Letrada de la Asamblea Regional de Murcia defendía que el incremento del gasto asociado a la iniciativa legislativa sí afectaba al presupuesto en vigor, dado que las únicas medidas objeto de diferimiento eran las que precisaban un desarrollo normativo. El resto sí implicarían, en cambio, un gasto de forma inmediata, repercutiendo en el presupuesto corriente, por lo que el veto ejercido por el Consejo de Gobierno no excedió el ámbito temporal de aplicación de esta facultad.

A mayor abundamiento, el ejecutivo autonómico identificó adecuadamente —a través de un informe del Consejero de Salud— los concretos créditos del presupuesto concernidos por el incremento de gasto que supondría la aprobación de la proposición de ley. Por tanto, esta justificación del veto gubernamental determina que la decisión

155 Antecedente tercero.

de la Mesa no pueda tacharse de arbitraria, puesto que su labor de control técnico-jurídico debe limitarse a constatar, simplemente, la existencia y razonabilidad de dicha motivación[156].

Por el contrario, el Ministerio Fiscal niega que la Mesa de la Cámara haya efectuado esa fiscalización exigible de la facultad de veto presupuestario del Consejo de Gobierno. Sus acuerdos no contienen una argumentación propia sobre el efecto presupuestario de la iniciativa legislativa, limitándose a acoger la argumentación esgrimida por el ejecutivo autonómico.

La doctrina constitucional sobre el veto presupuestario, trasladable también al plano autonómico, requiere que la realización de su presupuesto material se halle suficientemente justificada, competiendo a la Mesa el control formal y material de dicha motivación gubernamental. Pues bien, éste último no parece haberse producido en tanto las razones ofrecidas por el ejecutivo evidencian una falta de razonabilidad —al no referirse a la incidencia real de la medida en el presupuesto en vigor— que debía haber sido verificada y constatada por el órgano cameral[157].

En este contexto, el Tribunal Constitucional termina estimando el recurso de amparo, por considerar vulnerados los derechos fundamentales de los recurrentes recogidos en el artículo 23 de la Carta Magna. A tales efectos, recuerda que la Mesa debe velar por los mismos, de modo que cuando valide el veto ejercido por el Gobierno sobre

---

156 Antecedente octavo.

157 Antecedente noveno.

una iniciativa legislativa, su decisión debe hallarse formal y materialmente motivada.

A juicio del Tribunal, en el presente caso la Mesa de la Cámara únicamente afirma la razonabilidad de la disconformidad gubernamental, "sin hacer explícitas las razones que permiten considerar acreditado el presupuesto material del impacto directo y actual de la proposición de ley en los créditos presupuestarios vigentes". Los acuerdos del órgano parlamentario son abstractos y generalistas, incumpliendo así su función de control respecto al veto presupuestario del ejecutivo autonómico.

En definitiva, la Mesa acoge sin ulteriores argumentos el criterio gubernamental cuando, de hecho, éste último contraviene la doctrina constitucional sobre el alcance temporal del veto, circunscrito únicamente a las iniciativas legislativas que incidan en el ejercicio presupuestario en curso. De esta forma, la inadmisión a trámite de una proposición de ley, sobre la base de una aplicación extensiva —e inapropiada— de la facultad de veto, ocasiona una restricción del *ius in officium* de los parlamentarios. Su proyección a supuestos que van más allá del presupuesto corriente impide que la iniciativa legislativa sea sometida al debate de oportunidad política ante el Pleno de la Cámara, lesionándose el derecho a la iniciativa legislativa y, por consiguiente, el artículo 23 de la Constitución.

Así pues, la aceptación de un veto gubernamental que no demuestra el impacto directo de la proposición de ley sobre los créditos presupuestarios vigentes, ni tampoco tiene en cuenta el diferimiento al ejercicio siguiente de las medidas que impliquen la realización de gastos, evidencia que la Mesa no ha llevado a cabo una correcta fiscalización de esta prerrogativa. Por todo ello, procede la anulación de los acuerdos de inadmisión a trámite de la iniciativa legislativa, sin que pueda reestablecerse plenamente el derecho vulnerado al haberse adoptado aquellos en una legislatura ya finalizada en el momento de dictarse la sentencia[158].

3.2.5. La Sentencia del Tribunal Constitucional 132/2023, de 23 de octubre

Recientemente, el Tribunal Constitucional ha tenido que ventilar el recurso de amparo presentado por el Grupo Parlamentario Popular contra la decisión de la Mesa del Congreso de no acceder a la tramitación de una proposición de ley, relativa a la creación de la Autoridad Independiente de Recuperación Económica y la mejora de la gobernanza de los fondos europeos de recuperación[159].

El Gobierno manifestó su disconformidad con esta iniciativa legislativa *ex* artículo 134.6 de la Constitución, basándose en que la misma supondría un aumento de los créditos presupuestarios, a la luz del informe de impacto que acompañaba a tales efectos. A grandes rasgos, el Ejecutivo aducía que la puesta en marcha de una nueva autoridad independiente, similar a la ya existente sobre responsabilidad fiscal, tendría un coste cuantificable, análogo al de ésta última, que repercutiría directamente en los presupuestos. Entre otros extremos, se indica la sec-

---

[158] Fundamentos Jurídicos sexto y séptimo.

[159] ECLI:ES:TC:2023:132.

ción y capítulo afectados, asociándolo al incremento de los gastos de personal y, de forma genérica, a la no especificación del modo de financiación de la actividad del organismo.

La Mesa del Congreso acogió el veto presupuestario del Gobierno frente a la proposición de ley, solicitándose la correspondiente reconsideración por el grupo parlamentario autor de la misma. Aquí se denunciaba la ausencia de un adecuado análisis de adecuación al artículo 134.6 del criterio gubernamental, refutando la repercusión de la iniciativa legislativa en el capítulo I porque, de un lado, se propone una especie de compensación y, por otro, la contratación de personal se configura como una posibilidad residual para la que, además, ya existiría dotación presupuestaria. Así pues, la disconformidad del Gobierno resulta arbitraria, debido a la falta de justificación del impacto presupuestario.

En cambio, la Mesa afirmaba haber verificado la suficiencia de la motivación del veto, dada la concreción realizada por el Ejecutivo de las cuantías y los conceptos afectados del presupuesto en vigor. En este sentido, recuerda que no concurriendo arbitrariedad en la actuación del Gobierno, la Mesa no puede sustituirlo en el ejercicio de la facultad del artículo 134.6 de la Carta Magna[160].

Frente a los acuerdos de la Mesa, la demanda de amparo sostiene la conculcación de los derechos fundamentales del artículo 23 de la Constitución, lo que se deduce de la inexistencia de una motivación material en los acuerdos

---

160 Antecedente segundo.

de la Mesa. Ésta última no ha dado una auténtica respuesta a las razones ofrecidas en el escrito de reconsideración, limitándose a hacer suyo el criterio del Ejecutivo y no demostrando, con argumentos propios, el efecto negativo en el presupuesto vigente. Pero es que tampoco el Gobierno ha ofrecido una justificación adecuada del veto ejercido, puesto que no se aporta aclaración o cálculo alguno del gasto que se derivaría de esta iniciativa legislativa, de modo que el aumento del crédito presupuestario no deja de ser una mera hipótesis[161].

Sin embargo, la Letrada de las Cortes Generales considera justificado el coste que el Ejecutivo atribuye a la nueva autoridad independiente por su paralelismo con otra preexistente, de análoga naturaleza. Asimismo, se identifica claramente la partida presupuestaria afectada, lo que muestra la repercusión concreta de la creación de este organismo en los Presupuestos Generales del Estado. Por todo ello, debe entenderse que la Mesa verificó correctamente la inexistencia de arbitrariedad en la disconformidad gubernamental[162].

Esta última posición no es compartida por el Ministerio Fiscal, para quien la Mesa del Congreso se limitó a valorar la concurrencia de los elementos formales del veto presupuestario, sin entrar a controlar el cumplimiento de su presupuesto material —es decir, el impacto negativo presupuestario—. Así, el órgano cameral asume de plano la apreciación del Gobierno, no dando respuesta autónoma

---

161 Antecedente tercero.

162 Antecedente séptimo.

a la contrargumentación contenida en la solicitud de reconsideración[163].

Pues bien, a diferencia de los casos precedentes, en éste el Tribunal Constitucional desestimó el recurso de amparo al considerar que no se habían vulnerado los derechos fundamentales reconocidos en el artículo 23 de la Carta Magna. Ahora bien, ello no parece significar un cambio en la doctrina anterior sobre el alcance del veto presupuestario del Gobierno o las facultades de la Mesa en cuanto a su fiscalización —la cual vuelve a reproducirse de forma inalterada—, sino más bien que en este supuesto el Tribunal entendió ajustada a la misma la actuación tanto del Ejecutivo como del órgano parlamentario. No obstante, adviértase también que la sentencia contiene un voto particular, discrepante de la opinión mayoritaria, que pone de manifiesto la singularidad de este pronunciamiento.

A juicio del Tribunal Constitucional, la Mesa ha desarrollado adecuadamente la función que le corresponde en el control de la disconformidad del Gobierno con la iniciativa legislativa. Y ello porque no la aceptó sin más, habiendo verificado que contase con una motivación suficiente y no arbitraria, materializada en la explicación del impacto presupuestario de la proposición de ley y la especificación de las partidas afectadas. La Mesa no puede ir más allá en su fiscalización, al tratarse de un control reglado, de carácter técnico-jurídico, que bajo ningún concepto puede enmascarar un juicio de oportunidad política.

---

163 Antecedente octavo.

Así pues, para el Tribunal Constitucional la Mesa del Congreso hizo exactamente lo que debía, comprobando simplemente que el Gobierno hubiese motivado la afectación presupuestaria de la medida propuesta. Lo que no podía era realizar una valoración propia o alternativa, so pena de incurrir en una injerencia en las competencias del Ejecutivo.

Por tanto, no cabe imputar a la actuación de la Mesa tacha constitucional alguna, dado el estrecho margen que tiene a la hora de controlar el veto ejercido por el Gobierno. Porque su deber de garantizar los derechos de los parlamentarios establecidos en el artículo 23 de la Constitución ha de ponderarse con el respeto del principio de lealtad institucional, de modo que la Mesa no acabe obstaculizando —o, incluso, desvirtuando— el ejercicio de la facultad que el artículo 134.6 asigna al Ejecutivo.

El Tribunal Constitucional considera que, dado que la disconformidad gubernamental con la iniciativa no es arbitraria, la Mesa no puede reemplazar el criterio del Ejecutivo, pues constituiría una extralimitación en su función de calificación. El Gobierno ha justificado suficientemente la conexión entre el establecimiento del organismo y el incremento de los créditos presupuestarios. Así, se cuantifica su coste y se señalan las partidas afectadas del estado de gastos, exponiendo la necesidad de crear un nuevo programa en una determinada sección y la generación de más costes de personal con incidencia en el capítulo I[164].

---

164 Fundamento Jurídico cuarto.

Tal como se apuntó *supra*, la sentencia cuenta con el voto particular del magistrado Arnaldo Alcubilla, quien sostiene que una correcta aplicación de la doctrina constitucional sobre el veto presupuestario hubiera conducido a la estimación del recurso de amparo. En su opinión, la Mesa del Congreso no ha llevado a cabo un control material del veto ejercido por Gobierno, limitándose a asumir acríticamente su posición sin entrar en el análisis de las razones en las que se apoya.

Pero es que, además, el Ejecutivo no justifica el impacto real y directo en el presupuesto en curso de la iniciativa legislativa, por lo que la aceptación sin más por la Mesa de ese criterio hace que sus acuerdos también devengan faltos de motivación. Por una parte, la cuantificación del gasto vinculado al nuevo organismo se efectúa con base en una asimilación —no razonada por el Gobierno— con otro ente cuyas funciones son diferentes. Por otra, aun cuando la creación de esa autoridad independiente obligara a modificar la estructura del presupuesto, ello no tiene por qué suponer un aumento del gasto.

Además, el incremento del gasto de personal que el Ejecutivo asocia al establecimiento de dicho organismo es una simple hipótesis. Primero, porque se prevé el traspaso en bloque de los recursos humanos ya disponibles en otro centro directivo. Segundo, porque las nuevas contrataciones sólo se contemplan como una posibilidad, quedando vinculadas a la oportuna dotación presupuestaria, de modo que las plazas sólo podrán convocarse cuando exista ésta última, y no a la inversa.

En conclusión, la decisión de la Mesa de inadmitir la proposición de ley no puede considerarse mínimamente motivada, al validar una disconformidad gubernamental que tampoco lo estaba. Más aún cuando esta exigencia de motivación tiene un carácter reforzado en relación con el veto presupuestario, pues su ejercicio impide que la iniciativa legislativa sea sometida a deliberación y, en su caso, votación por el Pleno.

Por ello la fiscalización por la Mesa de las razones materiales que sustentan el veto debe ser rigurosa, a fin de "evitar desviaciones indeseables en la configuración constitucional de las facultades del Gobierno en relación con las iniciativas parlamentarias". Pues bien, la ausencia de este adecuado control por parte de la Mesa del Congreso ha terminado provocando un claro menoscabo de los derechos de los miembros de la Cámara consagrados en el artículo 23 de la Constitución, especialmente de aquellos que integran la minoría parlamentaria, por lo que el Tribunal debería haber otorgado el amparo solicitado.

3.2.6. La Sentencia del Tribunal Constitucional 167/2023, de 22 de noviembre

Éste es, hasta el momento, el último pronunciamiento del Tribunal Constitucional sobre el veto presupuestario[165], el cual también tiene por objeto la resolución de un recurso de amparo por violación de los derechos reconocidos en el artículo 23 de la Carta Magna. Sin embargo, su relevancia radica en que, a diferencia de los asuntos anteriores, la disconformidad gubernamental se ejerció, no ya contra proposiciones de ley presentadas en el Congreso

---

165 ECLI:ES:TC:2023:167.

de los Diputados, sino frente a enmiendas formuladas en el Senado. De esta forma, el Tribunal ha podido delinear con precisión los aspectos materiales y formales de esta figura en el ámbito de la Cámara Alta, realizando una interpretación del artículo 151 del Reglamento del Senado a la luz de su doctrina constitucional en torno al veto.

Básicamente, los hechos del caso podrían sintetizarse del siguiente modo. En la tramitación en el Senado del proyecto de ley de medidas contra el fraude fiscal y de trasposición de la Directiva anti-elusión, el Grupo Parlamentario Popular presentó una enmienda, dentro del plazo previsto a tales efectos, que contenía una propuesta de reducción del tipo de gravamen en el Impuesto sobre el Valor Añadido para los servicios de peluquería, barbería y estética. El Gobierno manifestó su disconformidad alegando que la aprobación de esta enmienda supondría una disminución de ingresos presupuestarios, con indicación de la partida afectada y del importe de su impacto. En consecuencia, se inadmitió a trámite la enmienda y la subsiguiente solicitud de reconsideración planteada por el grupo proponente también fue desestimada por la Mesa del Senado.

Pues bien, con anterioridad al inicio del debate en sesión plenaria del dictamen de la Comisión de Hacienda sobre dicho proyecto de ley, todos los grupos parlamentarios —a excepción del socialista— presentaron una propuesta de modificación del dictamen —sobre la base de una enmienda previa del Grupo Parlamentario Izquierda Confederal, atinente a la modificación del régimen simplificado del Impuesto sobre el Valor Añadido—, para añadir la citada rebaja del tipo aplicable a los servicios de peluquería, barbería y estética. La Presidenta del Senado comunicó verbalmente al Pleno la inadmisión de la propuesta de modificación, por incongruencia con la enmienda sobre la que aquélla se articulaba. El Grupo Parlamentario Popular solicitó *in voce* —y, más tarde, por escrito— la reconsideración de dicha decisión, ante lo que la Presidenta suspendió la sesión y convocó a la Mesa para que se pronunciase sobre la misma.

Análogamente a lo acaecido con la enmienda anterior, el Ejecutivo no prestó su conformidad a la tramitación de la propuesta de modificación por su incidencia presupuestaria. No obstante, la Mesa de la Cámara se opuso al veto gubernamental aduciendo, a grandes rasgos, que éste no contaba con una motivación suficiente sobre su repercusión en el presupuesto en vigor. Asimismo, estimó la solicitud de reconsideración y admitió a trámite la propuesta de modificación, la cual resultó finalmente aprobada, dándose el oportuno traslado de la enmienda al Congreso de los Diputados.

En este contexto, el Gobierno se acogió a lo dispuesto en el artículo 151.5 del Reglamento del Senado para someter a la Presidenta del Senado la controversia suscitada en relación con el ejercicio del veto, sobre la base de la afectación presupuestaria e incongruencia de la propuesta de modificación. También el Grupo Parlamentario Socialista se amparó en este precepto en aras de denunciar esa falta de congruencia con la correspondiente enmienda.

La resolución de la Presidenta de la Cámara Alta fue estimatoria, declarando la nulidad de la votación en el Pleno de la propuesta de modificación. A su juicio, la facultad de veto "se extiende no solo a la fase inicial del procedimiento legislativo, en la que se inserta el plazo de presentación de enmiendas, sino al resto de las fases de dicho procedimiento en la medida en que puedan presentarse posteriormente propuestas tendentes a modificar el texto de la iniciativa legislativa. Así, si durante la fase de Pleno se presenta una propuesta de modificación del dictamen de la Comisión, tal y como regula el artículo 125 del Reglamento del Senado, que pudiera tener repercusión sobre los ingresos o gastos presupuestarios, el Gobierno estaría plenamente legitimado para oponerse, en su caso, a dicha propuesta de modificación".

A fortiori, se desliza la concurrencia de una suerte de fraude de ley en la actuación de los grupos parlamentarios, al pretender sortear el veto a la reforma del Impuesto sobre el Valor Añadido inicialmente ejercido por el Gobierno. Y ello, de un lado, mediante una propuesta de modificación del dictamen de la Comisión que deviene incongruente con la enmienda que le sirve de soporte; de otro, a través del diferimiento a un ejercicio posterior de la entrada en vigor de la reducción del tipo de gravamen, que no constaba en la enmienda primigenia del Grupo Parlamentario Popular.

Éste último solicitó la reconsideración de dicha resolución, que fue desestimada por la Presidenta del Senado a la luz del informe adjunto de la Secretaría General. En él se sostiene, desde una óptica formal, la competencia exclusiva de la Presidencia de la Cámara para resolver las controversias o conflictos que puedan surgir en relación con el ejercicio de veto; desde una perspectiva material, se insiste en que la elusión fraudulenta del veto puede lesionar las facultades de los actores en el procedimiento legislativo en materia presupuestaria[166].

Frente a todo esto, la demanda de amparo alegaba una vulneración de los derechos del artículo 23 de la Constitución de los senadores que habían formado la mayoría necesaria para la aprobación de la propuesta de modificación. Para los recurrentes, la anulación arbitraria e ilegítima de la decisión del Pleno por la Presidenta del Senado suponía un evidente abuso de poder que, además de vulnerar la soberanía de la Cámara, lesionaba el núcleo fundamental del *ius in officium* de estos parlamentarios.

A mayor abundamiento, entienden que la posible incongruencia de la propuesta de modificación con la enmienda en la que se apoya no puede ser objeto de la controversia prevista en el artículo 151.5 del Reglamento del Senado, ya que ésta ha de referirse exclusivamente al veto presupuestario. Y, en relación con éste último, no consideran que su ejercicio quede desvirtuado por la incorporación de una cláusula de diferimiento de la entrada en vigor de la medida tributaria[167].

En cambio, la Letrada de las Cortes Generales estima conforme a Derecho la actuación de la Presidenta del Senado, habiendo ejercido correctamente las competencias propias que le atribuye directamente el Reglamento de la Cámara. En su opinión, el veto presupuestario del Ejecutivo se extiende, en el Senado, más allá de la finalización del plazo de presentación de enmiendas, pues en esta se-

---

166 Antecedente segundo.

167 Antecedente tercero.

de pueden presentarse propuestas tendentes a modificar el texto legislativo hasta que el procedimiento concluya con la aprobación de la iniciativa por el Pleno. Pues bien, dado que cabe ejercer esta facultad gubernamental a lo largo de toda la tramitación legislativa, la Presidencia de la Cámara podrá resolver las controversias relativas al mismo en cualquier momento anterior al envío del texto al Congreso de los Diputados.

Para la Letrada, las decisiones de la Presidenta del Senado en ningún caso son arbitrarias, ilegítimas o lesivas del derecho de representación política de los recurrentes. Más bien al contrario, contienen una motivación expresa, suficiente y acorde con la doctrina del Tribunal Constitucional relativa tanto al alcance del veto presupuestario, como a la congruencia exigible entre la propuesta de modificación y la enmienda en la que aquélla se sustenta[168].

Por su parte, el Ministerio Fiscal admite que, en el procedimiento legislativo en la Cámara Alta, el Ejecutivo pueda ejercer el veto presupuestario, con respecto a las propuestas de modificación, en la propia sesión plenaria. Dicho de otro modo, nada obsta a que el Gobierno emplee el veto una vez finalizado el plazo de presentación de enmiendas al proyecto de ley, puesto que en otro caso los grupos parlamentarios acudirían a las propuestas de modificación para esquivar la aplicación del artículo 134.6 de la Constitución. Ahora bien, ello no afecta a las funciones de calificación conferidas a la Presidencia del Senado, de modo que ésta puede aceptar la disconformidad gubernamental y denegar la tramitación de la propuesta o, por el

168 Antecedente séptimo.

contrario, continuar con la misma si estima infundado el veto del Ejecutivo.

A fortiori, el Ministerio Fiscal niega que la controversia del artículo 151.5 del Reglamento del Senado pueda versar sobre la congruencia o no de la propuesta de modificación con la enmienda que le sirve de cobertura, estando vinculada únicamente al ejercicio del veto presupuestario. Además, en su opinión dicha controversia se presentó de forma intempestiva, puesto que la propuesta de modificación ya había sido aprobada por el Pleno y, por ende, había quedado definitivamente establecida la voluntad de la Cámara sobre esta iniciativa.

De otro lado, para el Ministerio Fiscal la decisión de la Mesa de admitir la tramitación de la propuesta, al no incidir en el presupuesto en vigor, guarda absoluta coherencia con la doctrina del Tribunal Constitucional sobre la conexión que debe existir entre el veto presupuestario y el principio de anualidad. De esta manera, a través del artículo 151.5 del Reglamento no cabe dejar sin efecto un acuerdo del Pleno de la Cámara que fue tomado tras la verificación, por la Mesa, de la ausencia de alguno de los requisitos exigidos para la correcta aplicación del veto gubernamental.

La finalidad de la controversia es, pues, evitar que se debatan y voten modificaciones al proyecto de ley con incidencia en el presupuesto en curso, por lo que tras su aprobación por el Pleno resulta inviable interponer aquélla. Por consiguiente, en este caso la anulación de la votación de la propuesta constituye una violación del *ius in officium* de los senadores, ya que su contribución a la formación de la voluntad de la Cámara se ha visto privada de cualquier efecto[169].

Finalmente, el Tribunal Constitucional estimó el recurso de amparo, al entender vulnerados los derechos atribuidos a los recurrentes por el artículo 23 de la Constitución, declarando la nulidad de las correspondientes resoluciones de la Presidenta del Senado. En este sentido, son varios los aspectos a destacar de la fundamentación jurídica sobre la que se edifica este fallo.

En primer lugar, se admite que el veto pueda ejercerse en relación con las propuestas de modificación en el Senado —en tanto constituyen una especie de enmienda—, durante la sesión plenaria en la que se hayan presentado. De otra forma, se abriría la puerta a la introducción de cambios en la iniciativa legislativa por esta vía, sin que el Ejecutivo pudiera oponerse aunque tuvieran repercusiones presupuestarias, con la consiguiente dilución del artículo 134.6 de la Constitución. No obstante, esta posibilidad no enerva la facultad de calificación que ostenta la Presidencia del Senado, que comprende la decisión sobre la admisibilidad y tramitación de las propuestas.

En segundo lugar, las controversias o incidentes a que se refiere el artículo 151.5 del Reglamento del Senado tan sólo pueden versar sobre el ejercicio del veto presupuestario. Expresado en otros términos, se trata de resolver las posibles discrepancias susceptibles de producirse en relación con la repercusión presupuestaria de la medida

---

169 Antecedente octavo.

propuesta, o bien con el procedimiento seguido para manifestar la disconformidad gubernamental[170].

Además, tales controversias han de plantearse y resolverse antes de que las propuestas de modificación sean sometidas a debate y votación en la sesión plenaria —y, en todo caso, previamente a que el Pleno las incorpore al texto que ha de remitir al Congreso de los Diputados—, puesto que de lo contrario quedarían desvirtuados el objeto y la finalidad del precepto reglamentario. Éste último sirve para preservar la facultad gubernamental de veto presupuestario, pero en modo alguno puede interpretarse como una habilitación a la Presidencia del Senado para fiscalizar o controlar el resultado final de la actividad legislativa del Pleno.

En tercer lugar, nada empece a que una propuesta de modificación incorpore el contenido de una enmienda previamente vetada por el Gobierno, ni que posponga su entrada en vigor a un ejercicio futuro. En cuanto a esta última previsión, afirma el Tribunal que dicho diferimiento tendería a garantizar la correcta observancia y ejecución de las partidas presupuestarias, permitiendo al Ejecutivo desarrollar su programa anual de política económica y, por ende, su propia acción de gobierno.

En este sentido, se trae a colación nuevamente la doctrina constitucional sobre el alcance temporal del veto, según la cual su aplicabilidad se restringe, de acuerdo con el principio de anualidad, a las proposiciones o enmiendas que afecten al presupuesto en vigor. Esta facultad no

---

170 Fundamento Jurídico séptimo.

tiene cabida, pues, "en relación con presupuestos futuros, incluidos los denominados «escenarios plurianuales presupuestarios», que no han sido elaborados por el Gobierno ni sometidos por tanto al proceso de aprobación regulado en el art. 134.1 CE". Por consiguiente, una aplicación del veto presupuestario más allá de ese marco temporal llevaría aparejada una limitación tanto de la potestad legislativa de las Cortes Generales, como de los derechos de participación política de los parlamentarios[171].

Pues bien, en este caso el Tribunal Constitucional considera no sólo que la controversia resultaba improcedente, sino también que el Ejecutivo no había motivado adecuadamente la incidencia de la medida en el presupuesto en curso —a lo que parece contribuir, en buena medida, el aplazamiento de su entrada en vigor—, por lo que el veto no hubiese podido prosperar en modo alguno. Lo que, en última instancia, permite concluir la lesión del *ius in officium* de los parlamentarios y declarar, consecuentemente, la nulidad de las resoluciones de la Presidenta del Senado.

---

171 Fundamento Jurídico décimo.

Capítulo Tercero

EL ALCANCE ACTUAL DEL VETO PRESUPUESTARIO A LA LUZ DE LA DOCTRINA DEL TRIBUNAL CONSTITUCIONAL

1. ¿UNA CONCEPCIÓN DEL VETO ACORDE CON SU ESPÍRITU Y FINALIDAD?

Ha habido que esperar cuatro décadas para que el Tribunal Constitucional consolidase una doctrina sobre el artículo 134.6 de la Carta Magna. Aunque los primeros pronunciamientos relativos al veto presupuestario datan ya de 2006, se circunscribían a la esfera autonómica y, además, no abordaban todas las vertientes de esta figura. Fue, pues, a partir de 2018 cuando el máximo intérprete de la Constitución pudo fijar, con carácter general, el alcance material, temporal y formal del veto, con ocasión de la resolución de una serie de conflictos de atribuciones y de recursos de amparo.

Así, el Tribunal Constitucional ha delimitado el ámbito de aplicación del veto presupuestario, concretando tanto los requisitos para el ejercicio de esta facultad por parte del Gobierno, como el control que pueden llevar a cabo las Mesas de las Cámaras a tales efectos. Y ello con el fin último de encontrar un equilibrio entre la salvaguardia del presupuesto como vehículo de dirección política del

Ejecutivo y la protección del *ius in officium* de los parlamentarios.

Por un lado, el Tribunal Constitucional identifica los elementos que integran el veto presupuestario y determina, a su vez, un conjunto de exigencias —interrelacionadas entre sí— para que el Ejecutivo pueda oponerse válidamente a la tramitación de enmiendas o proposiciones de ley.

El primero de ellos, de orden sustantivo, viene referido al presupuesto habilitante de esta potestad gubernamental, conformado por el impacto presupuestario de la iniciativa o medida legislativa. En este punto, el Tribunal Constitucional precisa que esta afectación no ha de ser meramente hipotética, sino real y efectiva.

El segundo hace alusión al aspecto temporal del veto, aclarando el Tribunal que la enmienda o proposición sobre la que el Gobierno exprese su disconformidad debe incidir exclusivamente en el presupuesto en curso. Se rechaza, por ende, que el veto pueda proyectarse sobre iniciativas legislativas con potenciales repercusiones *a futuro*, sin que el principio de estabilidad altere esta anualidad que preside la materia presupuestaria.

Sin embargo, una de las cuestiones que el Tribunal Constitucional no trata explícitamente es la relativa a la aplicabilidad del veto a las enmiendas presentadas al propio proyecto de presupuestos. Pues bien, esta posibilidad, recogida en los Reglamentos de las Cámaras, parece entrar en contradicción con la necesidad de que la medida, a cuya tramitación se opone el Ejecutivo, incida en el presupuesto en vigor —y, por tanto, ya aprobado—.

El tercero, de índole formal, está constituido por la motivación del veto, requiriéndose que el Gobierno acredite las partidas presupuestarias concretamente afectadas por la proposición o enmienda. Con ello, se obliga al Ejecutivo a señalar qué créditos o ingresos del presupuesto en curso quedarían realmente comprometidos, demostrándose así la realización del supuesto de hecho del artículo 134.6 de la Constitución.

Por otro lado, se atribuye a las Mesas de las Cámaras una cierta fiscalización del ejercicio de la facultad gubernamental de veto, como exponente de su función genérica de calificación. Esta labor, de naturaleza técnica y no política, consiste básicamente en comprobar que el Ejecutivo haya justificado correctamente el efecto presupuestario de la iniciativa legislativa, pudiendo desatender el criterio gubernamental en caso contrario.

Finalmente, cabe destacar también que alguna de las recientes sentencias del Tribunal Constitucional tiene por objeto el análisis del veto presupuestario en el terreno autonómico. Desde luego, no parece que la falta de previsión estatutaria de esta figura se erija en óbice para su ejercicio por los gobiernos autonómicos, dado su reconocimiento en los reglamentos de las correspondientes asambleas. Así se infiere de la posición mantenida por el Tribunal, que reitera en este ámbito los mismos requisitos exigidos a nivel estatal para la aplicación del veto.

En suma, *a priori* la doctrina actual del Tribunal Constitucional sobre el artículo 134.6 parece, en líneas generales, coherente con el fundamento del veto presupuestario. Esta institución está pensada para que el Ejecutivo desarrolle su acción de gobierno sin que el programa económico en que se sustenta quede trastocado por iniciativas legislativas que no quiera compartir. Pero dicha facultad gubernamental afecta claramente al *ius in officium* de los representantes políticos —y, por extensión, a la función legislativa—, al impedir que estas proposiciones o enmiendas sean tomadas en consideración y sometidas a debate en el Pleno. De ahí que devenga preceptivo embridar el veto para evitar su utilización abusiva, sujetándolo a la observancia de determinadas condiciones que, en última instancia, vienen a atribuir al Ejecutivo la carga de la prueba sobre la incidencia de la medida en el presupuesto en curso.

Se establece, pues, que el Gobierno tenga que acreditar la realidad de este impacto presupuestario, indicando los ingresos o gastos que de forma específica se verían respectivamente minorados o aumentados —y en qué cuantía—, en caso de aprobarse la enmienda o proposición de ley.

Además, tal motivación resulta fiscalizable por la Mesa. Y, aun cuando ésta no pueda reemplazar al Ejecutivo en el ejercicio de la potestad de veto, sí que goza en la práctica de un amplio margen a la hora de entender cumplido ese deber gubernamental de justificar la concurrencia de su supuesto de hecho.

En el fondo, esta función de control le permite entrar a valorar, siquiera indirectamente, los aspectos materiales del presupuesto habilitante del veto. Con ello se pretende que su aplicación no sea arbitraria, de forma que la discrecionalidad del Gobierno acabe circunscribiéndose a la decisión de oponerse a la iniciativa legislativa una vez demostrada la existencia de repercusión presupuestaria, sin abarcar en cambio la apreciación de dicha circunstancia.

De hecho, la Mesa puede fiscalizar este último extremo, según el Tribunal Constitucional, en un claro intento de imposibilitar un empleo sesgado y torticero de esta facultad por parte del Ejecutivo.

No obstante, esta exégesis restrictiva del veto presupuestario es susceptible de diluir, quizás excesivamente, su eficacia. En primer lugar, la limitación del ámbito temporal del veto a medidas con un efecto verificable en el presupuesto en vigor supone obviar un tanto la influencia que, hoy en día, presentan los objetivos de estabilidad en el campo presupuestario. Si el artículo 134.6 de la Carta Magna pretende proteger el instrumento económico sobre el que se apoyan las políticas del Gobierno, tal vez no debería pasarse por alto su inserción en escenarios más amplios y complejos, que rebasan manifiestamente la simple anualidad presupuestaria.

En cambio, el Tribunal Constitucional niega rotundamente que el principio de estabilidad pueda amparar la extensión del veto a proposiciones o enmiendas con incidencia en presupuestos futuros. En su opinión, el precepto constitucional tan sólo pretende asegurar el programa económico gubernamental al que previamente haya otorgado su confianza el Parlamento, mediante la aprobación de la ley de presupuestos. De lo contrario, el Ejecutivo podría acogerse al veto para oponerse a cualquier iniciativa legislativa, alegando unas implicaciones presupuestarias potenciales o futuras que, de una forma u otra, resultarían predicables en casi todos los casos.

Ahora bien, esta concepción estricta de la anualidad presupuestaria en relación con el veto podría conducir, asimismo, a la situación opuesta. Porque cabría la posibilidad de que se eludiese sistemáticamente el veto gubernamental difiriendo en el tiempo la entrada en vigor de la enmienda o proposición. Quizás el límite pudiera fijarse —pergeñando una especie de solución intermedia— en el marco plurianual en el que se encuadre el ejercicio en que se plantea la medida legislativa. Aunque insistimos en que ésta no es, en absoluto, la postura mantenida por el Tribunal Constitucional, el cual hace prevalecer la anualidad presupuestaria sobre cualquier otro tipo de consideración.

El problema es que esta interpretación, llevada al extremo, también impediría proyectar el veto sobre las enmiendas al propio proyecto de ley de presupuestos que implicaran un aumento de los créditos o una disminución de los ingresos. Si no cabe su ejercicio en relación con medidas que puedan afectar a presupuestos todavía no aprobados, entonces tampoco podría aplicarse en la fase de tramitación parlamentaria de los mismos. Lo que llegaría a poner en tela de juicio, en última instancia, la constitucionalidad de las previsiones de los reglamentos de las Cámaras que sí admiten esa posibilidad, en una lectura que quizás se acomode más a la intención primigenia del constituyente en relación con el veto presupuestario.

En segundo lugar, habría que preguntarse si la doctrina del Tribunal Constitucional no lleva aparejado un ensanchamiento excesivo del control del veto atribuido a la Mesa. Y ello porque de una simple función de calificación —dirigida más bien a la organización de la Cámara— se deriva una clase de fiscalización que, yendo más allá de los aspectos meramente formales, comprende la revisión de las razones sustantivas esgrimidas por el Ejecutivo para sustentar su veto.

En efecto, un control tan extenso por la Mesa de la motivación del veto —como el reconocido por el Tribunal Constitucional—, permite a este órgano parlamentario enjuiciar, en cuanto al fondo, el criterio del Gobierno. Además, una cosa es comprobar que la justificación del Ejecutivo carezca manifiestamente de fundamento y otra, muy distinta, discutirla en términos jurídicos.

De facto, lo que hay es una fiscalización sustantiva de la disconformidad gubernamental, puesto que la Mesa puede entrar a valorar la incidencia en el presupuesto en curso de la enmienda o proposición que sostiene el Ejecutivo. Pero, nuevamente, el Tribunal Constitucional deja claro que la discrecionalidad del Gobierno no se proyecta sobre la apreciación del presupuesto habilitante del veto, sino tan sólo sobre la decisión de ejercerlo o no una vez acreditada su realización. Y, además, la Mesa puede verificar plenamente su concurrencia, a través del control de la motivación ofrecida por el Ejecutivo.

En nuestra opinión, la amenaza aquí consiste en que la Mesa convierta ese control técnico-jurídico en otro de distinta naturaleza que le permita cuestionar la oportunidad política del veto. Si se analizan las últimas sentencias del Tribunal Constitucional puede constatarse cómo, en muchos supuestos, parece existir una justificación del impacto presupuestario de la iniciativa legislativa, con indicación de las partidas afectadas, sólo que la Mesa acaba no entendiéndolo así. ¿Hasta qué punto puede hablarse entonces de que el veto resulta manifiestamente infundado? ¿No estaríamos más bien ante una disparidad de criterio, esto es, ante una mera diferencia interpretativa? ¿Realmente puede la Mesa oponerse al veto en estos casos, donde sí hay una concreción de los conceptos y cuantías que se verían alterados por la adopción de la enmienda o proposición? ¿O tendría que aceptarlo al contar con una motivación suficiente, aunque no fuese compartida por la Mesa? Porque lo que no cabe, en modo alguno, es que ésta termine sustituyendo al Ejecutivo en el ejercicio de una potestad, como la de veto, que la Constitución confiere en exclusiva a éste último.

2. EL ÁMBITO MATERIAL Y TEMPORAL: EL AUMENTO DE CRÉDITOS O LA DISMINUCIÓN DE INGRESOS DEL PRESUPUESTO EN CURSO

Tal como se ha apuntado *supra*, el Tribunal Constitucional exige, para una correcta aplicación del artículo 134.6 de la Carta Magna, que el veto del Ejecutivo recaiga sobre iniciativas parlamentarias con una incidencia real y efectiva en el presupuesto en vigor. De este modo, se rechaza que una simple afectación presupuestaria de índole potencial o futura pueda erigirse en presupuesto habilitante para el ejercicio de esta facultad gubernamental.

Para el Tribunal, no cabe proyectar el veto sobre cualquier enmienda o proposición que, de forma hipotética, pueda tener algún tipo de repercusión en el volumen de ingresos y gastos públicos o, simplemente, un impacto económico en una determinada política pública. De lo contrario, se estaría restringiendo desproporcionadamente la función legislativa, puesto que con esta exégesis tan amplia del precepto constitucional podrían vetarse casi todas las propuestas, al resultar muy complicado que éstas sean completamente neutrales para las cuentas públicas.

A fortiori, este ensanchamiento injustificado de la potestad de veto sería susceptible de vulnerar los derechos fundamentales reconocidos en el artículo 23 de la Constitución. La negativa gubernamental a que las iniciativas legislativas sean debatidas y votadas por el Pleno de la Cámara, pese a no incidir objetivamente en el presupuesto, cercenaría el *ius in officium* de los parlamentarios, de cuyo contenido esencial forma parte la presentación de enmiendas o proposiciones de ley.

Por ello, se requiere también que la disconformidad gubernamental recaiga sobre enmiendas o proposiciones con efectos en el presupuesto en curso, esto es, en los ingresos y gastos efectivamente reflejados en el documento ya aprobado por el Parlamento. Dicho de otra manera, el presupuesto actual se erige en el único parámetro válido para valorar el impacto efectivo de la iniciativa parlamentaria, en aras de evitar una utilización arbitraria del veto por parte del Gobierno.

A sensu contrario, esto implica que no cabe vetar medidas que puedan afectar a presupuestos futuros, que ni siquiera han sido elaborados por el propio Ejecutivo. Si la finalidad última del veto es la salvaguardia del programa económico del Gobierno autorizado por las Cortes Generales, esta figura no puede desligarse del presupuesto corriente ni, por ende, extenderse a otros todavía inexistentes. Lo que se busca es que el Ejecutivo desarrolle su acción de gobierno sin que las cifras de ingresos y gastos en las que se apoya, previamente autorizadas por el Legislativo, puedan verse alteradas posteriormente a través de iniciativas parlamentarias. Pero en ningún caso nos encontramos ante una prerrogativa que permita oponerse a la tramitación de enmiendas o proposiciones con nula incidencia en el presupuesto vigente.

Dicho sin ambages, no hay más plan gubernamental que garantizar mediante el veto que aquél al que el Parlamento haya otorgado su confianza previa a través de la aprobación de la ley de presupuestos. No cabe ejercer el veto, pues, para asegurar algo, como un presupuesto futuro, que ni siquiera existe en términos jurídicos[172].

En conclusión, este carácter instrumental del presupuesto en relación con la acción de gobierno, unido a los postulados del principio de anualidad, lleva al Tribunal Constitucional a entender que la disconformidad del Ejecutivo ha de expresarse, siempre, frente a iniciativas parlamentarias que se refieran al presupuesto operativo en cada momento. El artículo 134.6 no otorga al Gobierno un poder indiscriminado para oponerse a la tramitación de cualquier enmienda o proposición, sino únicamente a las que presenten una vinculación concreta con la norma

---

172 En este sentido, insiste Escribano en que si el alcance del artículo 134.6 de la Constitución no se refiriese a los presupuestos ya aprobados, su fundamento caería por su propio peso: "[N]o cabría hablar de respeto al Gobierno en la dirección económica del presupuesto aprobado, porque aún no se ha producido esa intervención del Parlamento que supone la configuración de un acto, expresión conjunta de funciones divergentes, desarrollo del acuerdo general adoptado por el Gobierno y las Cortes, manifestación de un ejercicio condomial del poder" (Escribano, F.: "Acerca del régimen jurídico constitucional…", op. cit., p. 170).

presupuestaria en vigor —es decir, aquéllas que conlleven un aumento de los créditos o una reducción de los ingresos, identificable en una partida concreta—.

Pues bien, esta configuración material y temporal del veto presupuestario, efectuada por el Tribunal Constitucional, deja alguna cuestión sin resolver y otras merecedoras de reflexiones más profundas. Entre las primeras, cabría destacar la relativa a si el veto puede tener como objeto las enmiendas presentadas al proyecto de ley de presupuestos. Por lo que respecta a las segundas, habría que ahondar en esa rigurosa circunscripción del veto a las iniciativas parlamentarias con incidencia en el presupuesto en curso, así como en el riesgo de ineficacia que esto último conlleva como consecuencia del posible diferimiento de la entrada en vigor de las medidas.

2.1. *¿La inaplicación del veto a las enmiendas al proyecto de ley de presupuestos?*

La doctrina del Tribunal Constitucional sobre el alcance temporal del veto presupuestario establece que la disconformidad gubernamental sólo pueda manifestarse sobre enmiendas o proposiciones que afecten al presupuesto vigente en cada momento, de acuerdo con el principio de anualidad. "Consecuencia de lo anterior es que el veto presupuestario no podrá ejercerse respecto de presupuestos futuros, que aún no han sido elaborados por el Gobierno ni sometidos por tanto al proceso de aprobación regulado en el art. 134 CE o en el estatuto de autonomía correspondiente, según se trata de la ley de presupuestos generales del Estado o de una ley autonómica de presupuestos"[173].

Pues bien, la duda es si, a partir de una exégesis estricta de este criterio, cabría deducir la inaplicabilidad del veto a las enmiendas formuladas al proyecto de ley de presupuestos. Cuestión en la que no entra directamente el Tribunal en sus últimos pronunciamientos, pero que podría llegar a entenderse resuelta en sentido afirmativo si se tiene en cuenta que, en puridad, nos encontramos ante un presupuesto todavía no aprobado.

Recuérdese que la extrapolación del veto gubernamental al ámbito de la tramitación de los presupuestos constituía una auténtica autolimitación de las Cámaras, puesto que esta posibilidad no aparece recogida explícitamente en la Constitución, sino tan sólo en los reglamentos del Congreso y del Senado. Normas que, en un desarrollo extensivo del artículo 134.6 de la Carta Magna, condicionan a la conformidad gubernamental la admisión de aquellas enmiendas que impliquen un aumento de los créditos o una disminución de los ingresos previstos en el proyecto de presupuestos.

Tal como se vio anteriormente, esta restricción del debate parlamentario derivada de los reglamentos de las Cámaras fue aceptada por el Tribunal Constitucional en sus primeras sentencias en materia presupuestaria. El interrogante es si éstas otras más recientes, al circunscribir el alcance del veto al presupuesto en curso, podrían llevar

[173] Por todas, Sentencia del Tribunal Constitucional 53/2021, de 15 de marzo, Fundamento Jurídico quinto (ECLI:ES:TC:2021:53).

a la conclusión opuesta. Y ello porque el proyecto de presupuestos no es susceptible de equipararse jurídicamente a un presupuesto en vigor, sino más bien a uno futuro, en tanto no ha sido objeto aún de la correspondiente aprobación parlamentaria.

Esta última lectura conduciría, en buena medida, a un cuestionamiento de la constitucionalidad de aquellas previsiones reglamentarias que afirman la aplicabilidad del veto a las enmiendas presentadas en la fase de tramitación parlamentaria de los presupuestos. Sin embargo, el Tribunal nada dice a este respecto y tampoco parece que esa sea la *ratio* de la limitación del ámbito temporal del veto al ejercicio en curso, la cual se dirige más bien a evitar que los objetivos de estabilidad presupuestaria sirvan de justificación para su proyección *a futuro*.

En cualquier caso, no cabe desconocer que la aplicación del veto a las enmiendas al proyecto de ley de presupuestos no se hallaba en el origen constitucional de esta institución, cuyo objeto se limitaba a las iniciativas parlamentarias que alterasen los créditos o ingresos ya consignados en el documento. Lo contrario —que es la opción contemplada en las normas reglamentarias de las Cámaras— supone una cierta desviación de su fundamento primigenio. La figura del veto estaba pensada para proteger la ejecución de los presupuestos en vigor, pero no para blindar programas económicos gubernamentales en ciernes, esto es, no autorizados todavía por el Legislativo.

A mayor abundamiento, esto último conllevaría la supeditación de la facultad del Parlamento para enmendar el proyecto de presupuestos, establecida en el artículo 134.1 de la Constitución, a la conformidad del Gobierno.

En efecto, este precepto confiere a las Cámaras la posibilidad de plantear cambios que afecten, asimismo, a los ingresos y gastos propuestos por el Ejecutivo, de modo que el Legislativo se encuentra habilitado para intervenir materialmente, en cierta manera, en la fijación de las cifras presupuestarias.

La norma constitucional en ningún momento prohíbe que la enmienda recaiga sobre la parte cuantitativa del proyecto de ley. Y lo que no cabe es una interpretación del artículo 134.6 que, además de apartarse de su finalidad originaria, acabe vaciando de contenido una facultad, como la de enmienda, que se sitúa en el mismo plano que la relativa a la aprobación de los presupuestos.

En nuestra opinión, el condicionamiento a la anuencia gubernamental de la simple tramitación de las enmiendas parlamentarias a los estados de ingresos y gastos del proyecto parece capitidisminuir la potestad presupuestaria de las Cámaras. Si la enmienda constituye un elemento capital de la función parlamentaria, ¿cómo subordinar su admisión a la aquiescencia del Ejecutivo? ¿Dónde quedan, entonces, las competencias presupuestarias del Legislativo? ¿Habría que entenderlas reducidas a la mera convalidación de la propuesta económica del Gobierno?

En esta línea, consideramos que si el Parlamento no puede ni tan siquiera enmendar las cifras del presupuesto sin el concurso del Ejecutivo, se estaría otorgando a éste una preeminencia, casi absoluta, en la elaboración del plan financiero de la actividad pública. El presupuesto dejaría de ser, pues, un acto político-jurídico de configuración compartida entre las Cámaras y el Gobierno para convertirse, prácticamente, en una manifestación de la voluntad de éste último, al recaer en él la decisión final sobre los cambios propuestos por el propio Parlamento.

Así, se produce un patente desequilibrio en el ejercicio del poder presupuestario en detrimento del Legislativo, impidiéndosele plantear modificaciones en las cifras presupuestarias en ausencia de la correspondiente conformidad gubernamental. De este modo, el Parlamento se ve obligado, indirectamente, a confirmar o rechazar en su totalidad la propuesta del Ejecutivo, al no poder ser alterada cuantitativamente en el procedimiento legislativo sin la intervención gubernamental previa.

Esta limitación de las enmiendas parlamentarias al proyecto de presupuestos comporta, a su vez, una restricción de la potestad presupuestaria de las Cámaras. *A fortiori*, con ello se está afectando también al *ius in officium* de los representantes políticos contemplado en el artículo 23 de la Constitución, del que la facultad de enmienda constituye parte de su núcleo esencial.

Ciertamente, no parece que de los recientes pronunciamientos del Tribunal Constitucional sobre la inaplicabilidad del veto a las iniciativas legislativas sin impacto en el ejercicio vigente pueda colegirse, automáticamente, la inconstitucionalidad de las previsiones reglamentarias que admiten su extensión a las enmiendas al proyecto de presupuestos. Ni el Tribunal se ha expresado en tal sentido, ni tampoco creemos que esta idea esté en el *animus* del máximo intérprete de la Carta Magna. Aunque, probablemente, sería lo más acorde tanto con el fundamento intrínseco del veto presupuestario, como con una exégesis histórica, sistemática y teleológica del artículo 134 de la Constitución.

En todo caso, lo que no debería permitirse es un constreñimiento *de facto*, vía veto gubernamental, de la función presupuestaria de las Cortes Generales. Porque ésta no puede circunscribirse, sin más, a una mera aprobación —o no— del proyecto económico del Ejecutivo, sustraída del rico debate parlamentario que siempre suscita la presentación de enmiendas.

Obviamente, el presupuesto ha de seguir siendo el vehículo de dirección política del Gobierno y, para ello, su ejecución tiene que quedar a salvo de posibles injerencias parlamentarias. A esto último —es decir, a asegurar su normal desarrollo—, sirve precisamente el veto. Mas el objeto de protección de esta institución es, *stricto sensu*, el presupuesto emanado del Parlamento, no su embrión en forma de proyecto.

En suma, el veto no puede amparar una intangibilidad del programa económico planteado por el Ejecutivo que llegue a desplegar sus efectos, incluso, con anterioridad a la aprobación de los propios presupuestos. Lo que debería garantizarse es una adecuada implementación de la acción política definida en la ley de presupuestos, pero no la incolumidad de la propuesta gubernamental sometida al Parlamento.

A nuestro juicio, la extensión del veto a las enmiendas parlamentarias formuladas al proyecto de presupuestos debilita claramente la posición de las Cámaras. Esta prevalencia del Ejecutivo sobre el Legislativo no puede justificarse en la salvaguardia de la acción de gobierno, pues ésta entronca con la ejecución del presupuesto ya adoptado, pero no puede predicarse de aquellos nonatos —y, por tanto, jurídicamente inexistentes todavía—.

Se requiere, pues, un cierto reequilibrio en la correlación de fuerzas en materia presupuestaria que devuelva al Legislativo su justa posición, al menos, en la aprobación del presupuesto. Porque esta última competencia, conferida expresamente a las Cortes Generales por el artículo 134.1 de la Carta Magna, no puede desgajarse de la posibilidad de enmendar, sin cortapisas, el texto y las cifras presentadas por el Ejecutivo. Facultad esta —la de enmienda— que además reconoce dicho precepto constitucional sin límite explícito alguno, como elemento inherente al poder presupuestario del Parlamento.

Todo lo expuesto arroja no pocas dudas acerca de la proyección del veto gubernamental a la propia tramitación del presupuesto. De hecho, la perpetuación de esta situación posiblemente acabe reduciendo, cada vez más, el papel del Parlamento en el campo presupuestario y, con ello, la función legislativa misma. Más que proteger la acción de gobierno —que también, lógicamente—, tal vez habría que pensar ahora en que el veto no termine difuminando, hasta límites insospechados, la iniciativa parlamentaria.

De hecho, el planteamiento que parece presidir los últimos pronunciamientos del Tribunal Constitucional sobre el veto presupuestario consiste, precisamente, en la necesidad de embridar su ejercicio, sujetándolo a límites jurídicos más estrictos, con la finalidad de evitar posibles abusos por parte del Ejecutivo. En realidad, se trata también de preservar la potestad presupuestaria del Parlamento frente a posibles ataques espurios y resulta evidente que aquélla se ve manifiestamente disminuida si se sigue aceptando, como hasta ahora, que el Gobierno se halle habilitado para oponerse a cualquier enmienda que, según su criterio, incida en los ingresos y gastos del proyecto de presupuestos.

De otro lado, insistimos en que carece de sentido la aplicabilidad del veto en el procedimiento legislativo presupuestario, dado que todavía no existe jurídicamente un programa económico que ejecutar ni, en consecuencia, asegurar. Sólo cabe considerar como presupuesto —y, por ende, como instrumento fundamental de la acción política del Gobierno— el formalmente adoptado por el Parlamento, sin que pueda equipararse a aquél el proyecto de ley presentado por el Ejecutivo.

Siendo esto así, el veto únicamente puede concebirse como un mecanismo de defensa del presupuesto ya aprobado, que sirva para garantizar su ejecución por el Gobierno, pero no para blindar el proyecto presentado por éste último. En caso contrario, ¿no se estaría dotando al veto presupuestario de un alcance que excede de la auténtica naturaleza y fundamento de esta figura?

Además, la posibilidad de que el Parlamento enmendase el proyecto de presupuestos del Gobierno, sin la conformidad de éste, no supondría una extralimitación en el ejercicio de sus competencias, sino simplemente la aplicación estricta de lo dispuesto en el artículo 134.1 de la Constitución. El precepto sitúa a la enmienda y aprobación de los presupuestos en el mismo plano, porque realmente se hallan inseparablemente unidas. ¿A qué nivel queda relegado el Parlamento en el ciclo presupuestario si sólo se le permite aprobar en bloque las cifras planteadas por el Gobierno, sin poder intervenir en su conformación a través de la facultad de enmienda?

Lo que no puede hacer el Legislativo es modificar, en fase de ejecución, el presupuesto ya aprobado sin la anuencia del Ejecutivo. Pero esta previsión no debería extrapolarse, desde una exégesis conjunta de los diferentes apartados del artículo 134, a la propuesta programática de la acción de gobierno recogida en el proyecto de ley de presupuestos. La enmienda de los números del proyecto no implica injerencia alguna por parte del Parlamento, sino únicamente el ejercicio de una competencia constitucionalmente reconocida.

El veto gubernamental ha de entenderse, en coherencia con su verdadera finalidad, como un instrumento al servicio de la ejecución del presupuesto, en los términos fijados por el Legislativo. Mas bajo ningún concepto debería servir para conservar, intacto, un programa económico sobre el que todavía el Parlamento no ha dado su beneplácito.

Repetimos que el hecho de que el Legislativo pueda proponer la alteración de los créditos o ingresos consignados en el proyecto de presupuestos sin la conformidad del Ejecutivo no significa, en modo alguno, que el primero reemplace al segundo en la preparación del mismo. La enmienda al proyecto de ley no se ubica en la fase de elaboración del presupuesto —la cual corresponde constitucionalmente al Gobierno—, sino que se sitúa ya en el propio procedimiento legislativo, donde el Parlamento debería poder modificar y aprobar unilateralmente dicha propuesta.

La conformidad gubernamental a las enmiendas parlamentarias al proyecto de presupuestos implica, de suyo, una limitación impropia de la función legislativa de las

Cortes Generales, reduciendo su potestad presupuestaria a la mera convalidación —o no—, sin posibles matices, del programa económico diseñado por el Ejecutivo. Amén de colisionar con el *ius in officium*, previsto en el artículo 23 de la Constitución, de estos representantes políticos.

Ahora bien, ¿y si con estas enmiendas se acabara produciendo, en sede parlamentaria, una suerte de reformulación de la hoja de ruta, económica y política, pergeñada por el Gobierno? En ese caso, si se entendiese desvirtuado el proyecto de presupuestos, ¿podría decirse que el Ejecutivo ha perdido la confianza del Parlamento?

En este sentido, la concepción del presupuesto como expresión de la confianza del Parlamento en el programa económico del Ejecutivo, que apunta el Tribunal Constitucional en sus resoluciones sobre el veto, constituye un argumento más para avalar la preceptiva conformidad gubernamental a aquellas iniciativas legislativas que afecten al presupuesto ya aprobado. El Legislativo ha votado favorablemente la propuesta del Ejecutivo y, por consiguiente, tiene lógica que no pueda ser sustancialmente alterada, con posterioridad, sin el consentimiento de éste último.

Pero esta conclusión no puede predicarse, sin más, del proyecto de presupuestos, porque aquí aún no hay documento alguno cuya ejecución haya que protegerse mediante la práctica del veto. Mientras el Parlamento no adopte formalmente la ley de presupuestos, no cabe hablar de confianza en el programa económico del Gobierno —más allá de la otorgada genéricamente con la investidura de su Presidente—.

Aunque el veto gubernamental se interprete como el reverso de la confianza depositada por las Cámaras en el

Ejecutivo —así lo desliza el Tribunal Constitucional—, no creemos que de ello pueda derivarse, como corolario, su aplicabilidad en la tramitación parlamentaria de los presupuestos. No cabe afirmar que, en caso contrario, el Gobierno se vería impedido para dirigir la política económica general, de la que el presupuesto se erige en su instrumento fundamental, por la sencilla razón de que éste no ha sido alumbrado todavía, al menos desde una perspectiva rigurosamente jurídica.

Dicho sin ambages, si no existe presupuesto, tampoco hay confianza parlamentaria. Y, por consiguiente, no puede operar el veto. Si se trata de que el Ejecutivo pueda preservar su acción de gobierno, siempre que haya sido previamente validada por las Cámaras, ¿cómo admitir el veto en relación con unas enmiendas a un simple proyecto de ley?

Es decir, al Gobierno le compete ejecutar el presupuesto emanado del Legislativo. Y el veto se dirige, exactamente, a garantizar dicha ejecución. Lo que no puede pretenderse, por el contrario, es que esta figura se emplee para conseguir que del Parlamento no salga otro presupuesto que no sea el deseado por el Ejecutivo.

Las instituciones han de obedecer a su auténtico fundamento. Así, el veto responde a la necesidad de asegurar que el Ejecutivo pueda llevar a cabo su acción de gobierno en los términos previstos en el presupuesto. Pero no debería utilizarse, en cambio, para lograr que el presupuesto aprobado por el Parlamento reproduzca fielmente el proyecto de ley presentado por el Gobierno.

En conclusión, habría que repensar si las previsiones de los reglamentos camerales que permiten al Ejecutivo vetar las enmiendas al proyecto de presupuestos no suponen, en puridad, una dilatación excesiva e injustificada del alcance del artículo 134.6 de la Carta Magna[174]. Sobre todo, si se acaba poniendo en peligro —como se intuye— el rol que el Parlamento está llamado a desempeñar, constitucionalmente, en el procedimiento presupuestario.

2.2. El carácter no prospectivo del veto: ¿anualidad *versus* estabilidad presupuestaria?

El Tribunal Constitucional afirma que el objeto del veto gubernamental viene constituido, exclusivamente, por aquellas enmiendas o proposiciones que afecten, de forma real, al presupuesto en curso. Así pues, no cabe aplicarlo en relación con medidas legislativas que, hipotéticamente, pudieran tener repercusiones en los ingresos y gastos de ejercicios posteriores.

En este sentido, el Tribunal se basa en el principio de anualidad a la hora de negar que el Ejecutivo se halle facultado para oponerse a las iniciativas parlamentarias que no incidan efectivamente en el presupuesto vigente. Éste

174 Afirma Escribano que la prerrogativa gubernamental establecida en el artículo 134.6 de la Constitución "no tiene justificación en el seno de enmiendas relativas al *momento* de la aprobación de los Presupuestos (...)", reclamando la reforma de los reglamentos del Congreso y del Senado, los cuales, admitiendo inadecuadamente esa posibilidad, confunden el ámbito temporal del sedicente veto presupuestario [Escribano, F.: *El principio constitucional de competencia presupuestaria (Acerca de la disciplina constitucional de los PGE en la JTC)*, Thomson Reuters Aranzadi, Navarra, 2022, pp. 179 y ss.].

es el programa económico del Gobierno que cuenta con la confianza de las Cámaras y, por tanto, el único cuya ejecución debe asegurarse a través del veto previsto en el artículo 134.6 de la Constitución.

Dicho de otro modo, si la vigencia del presupuesto aparece ceñida al año natural —salvo en los casos de prórroga automática—, el mismo alcance temporal ha de predicarse del veto. Su finalidad no es otra que la de preservar las grandes cifras consignadas en el documento aprobado por el Parlamento, por lo que la aplicabilidad de esta figura debe restringirse al mismo período en el que aquél despliega su eficacia.

A mayor abundamiento, el Tribunal Constitucional rechaza expresamente que esta misma anualidad del veto se vea alterada por el principio de estabilidad presupuestaria. Éste último no justifica, a su juicio, que la disconformidad gubernamental pueda expresarse también frente a proposiciones o enmiendas con posibles efectos presupuestarios *a futuro*.

Por tanto, el establecimiento de los objetivos de estabilidad no ampararía que el veto pudiese proyectarse sobre los ejercicios a que aquellos hagan referencia, puesto que sólo pergeñan una especie de marco para la elaboración de los siguientes presupuestos. Es decir, con dichos objetivos no se autorizan créditos directamente ejecutables, en sentido estricto, de modo que no quedarían cubiertos por el artículo 134.6 de la Carta Magna.

En suma, únicamente la adopción parlamentaria de las leyes anuales de presupuestos habilita y concreta el gasto que puede acometer el Ejecutivo. Por eso, el veto tiene que limitarse a las enmiendas o proposiciones con incidencia en el presupuesto corriente, porque sólo éste es susceptible de ejecución por el Gobierno. Los objetivos de estabilidad presupuestaria, en cambio, carecen de ese carácter.

Es cierto que el Tribunal Constitucional admite que cada presupuesto se encuentra insertado en escenarios plurianuales y que, en consecuencia, existe una cierta imbricación de las cuentas presentes con las pasadas y futuras. Ahora bien, dicha interrelación no desnaturaliza la anualidad del presupuesto ni, por extensión, el alcance temporal del veto, por lo que esta figura quedaría desvinculada de la consecución de los objetivos de estabilidad presupuestaria.

Para el Tribunal, parece que presupuestos y objetivos de estabilidad no compartan las mismas características esenciales, ya que a diferencia de aquellos, éstos no resultan ejecutables. De ahí que sólo pueda ejercerse el veto para preservar los primeros, pero no los segundos. El único programa económico objeto de protección a través de esta institución es el recogido en la ley de presupuestos. En cambio, los objetivos de estabilidad no entran dentro del ámbito de aplicación del veto, dada su falta de ejecutividad inmediata.

Este planteamiento, consistente en la no equiparación de los presupuestos con los objetivos de estabilidad presupuestaria, se aparta del criterio anteriormente sostenido por el Tribunal Supremo, en relación con la naturaleza de los actos de aprobación de éstos últimos[175]. Así, para

---

[175] Por todas, Sentencia del Tribunal Supremo 1998/2016, de 10 de mayo (ECLI:ES:TS:2016:1998).

su Sala Tercera, el acuerdo gubernamental de fijación de los objetivos de estabilidad presupuestaria —y de deuda pública— "constituye un acto preparatorio de la decisión de las Cortes Generales que, al ser aprobado por el Pleno del Congreso de los Diputados y por el Pleno del Senado, en virtud del procedimiento establecido en el artículo 15.6 de la Ley Orgánica 2/2012, de 27 de abril, de Estabilidad Presupuestaria y Sostenibilidad Financiera, le dota de fuerza vinculante equivalente al valor jurídico de las normas presupuestarias aprobadas por el Parlamento en virtud del artículo 66.2 de la Constitución (...)".

Por consiguiente, según el Tribunal Supremo la aprobación por las Cortes Generales de los objetivos de estabilidad presupuestaria fijados por el Ejecutivo "dota de validez jurídica y eficacia a dicho acto gubernamental", de modo que el acuerdo acaba convirtiéndose, tras la intervención de las Cámaras, en "un acto del Poder Legislativo, de naturaleza parlamentaria". De ello se derivaría su fuerza ejecutiva y su condición de directriz vinculante, dada la obligación legal de que los proyectos de presupuestos se acomoden a dichos objetivos.

Todo lo anterior lleva a la Sala, en última instancia, a comparar la aprobación parlamentaria del acuerdo de estabilidad con la de los Presupuestos Generales del Estado: "Se trata, por tanto, de dos atribuciones sustancialmente semejantes (la de aprobación de los presupuestos y la de aprobación de los objetivos de estabilidad presupuestaria y de deuda pública), y han de entenderse del mismo modo. En ambos casos son decisiones que toman las Cortes Generales aprobando o rechazando las que previamente ha adoptado el Gobierno. El hecho de que el legislador orgánico se haya autolimitado y previsto que las Cámaras habrán de aprobar o rechazar los objetivos fijados por el Consejo de Ministros sin poder modificarlos no cambia en nada el extremo principal: la aprobación o el rechazo es un acto parlamentario y sin aquélla tales objetivos carecen de valor y fuerza vinculante"[176].

Ahora bien, cabe advertir que la Sentencia del Tribunal Supremo de 10 de mayo de 2016 cuenta con dos votos particulares, refutándose en uno de ellos esa equiparación, realizada por la Sala, entre la aprobación de los presupuestos y la de los objetivos de estabilidad y deuda pública[177].

Desde esta otra óptica, la aprobación por las Cámaras de tales objetivos no confiere al acuerdo una naturaleza parlamentaria. Y ello porque aquéllas no efectúan una declaración de voluntad que sea *per se* constitutiva del objetivo de déficit, sino más bien de simple "bondad, acierto o conformidad" de éste último con el interés general. La competencia para la fijación de los objetivos de estabilidad y deuda pública corresponde al Gobierno y, aun cuando se establezca la aprobación parlamentaria del acto, "no significa que recaiga la voluntad de las Cámaras sobre su contenido. Así lo demuestra que sólo puedan conocer las Cámaras en Pleno de los objetivos de que se trata en forma

---

176 Fundamento Jurídico segundo.

177 Véase el voto particular formulado por el magistrado Rodríguez-Zapata Pérez, al que también se adhiere parcialmente el magistrado Siera Miguez.

global y que no los puedan modificar, sino simplemente rechazar, para que les sean sometidos otros distintos"[178].

A fortiori, en el voto particular se precisa que "[l]a aprobación no se otorga por las Cortes Generales sino por el Congreso de los Diputados y el Senado individualmente considerados (cfr., artículo 15.6 párrafo 2) lo que demuestra que no ejercen las Cámaras una *función legislativa* (no interviene el Jefe del Estado ni se produce publicación formal) ni de aprobación de los Presupuestos del Estado. La aprobación de los Acuerdos que se discuten no puede ser más que una intervención orientada a un *control político preventivo* de que se ajusten a dichos objetivos los proyectos de Ley de Presupuestos de las Administraciones Públicas (artículo 15.6 Ley orgánica 2/2002) en el período plurianual correspondiente"[179].

En definitiva, para los magistrados discrepantes, las Cámaras no determinan el contenido del acto —es decir, no fijan realmente los objetivos de estabilidad y deuda pública—. Por tanto, su aprobación, al carecer de carácter sustancial, no puede dotarlo, en ningún caso, del mismo valor que tienen las leyes de presupuestos[180].

Pues bien, la actual doctrina del Tribunal Constitucional parece alinearse con este voto particular, al rechazar la asimilación de las normas presupuestarias con los objetivos de déficit, dada la índole no ejecutable de estos últimos acuerdos. De hecho, el anterior criterio de la Sala

178 Fundamento Jurídico segundo del voto particular.

179 Fundamento Jurídico cuarto del voto particular.

180 *Ibídem*.

de lo Contencioso-Administrativo del Tribunal Supremo, el cual reconocía la *vinculatoriedad* de tales objetivos[181], podría haber amparado una hipotética aplicabilidad del veto a ejercicios futuros, en aras de salvaguardar su consecución. No obstante, el máximo intérprete constitucional ha terminado aclarando que los objetivos de estabilidad presupuestaria no pueden servir para extrapolar el veto gubernamental más allá del presupuesto en curso, ni tan siquiera cuando se trate de ejercicios cubiertos por aquellos. De lo contrario, se dejaría en manos del Ejecutivo la posibilidad de paralizar prácticamente todas las iniciativas parlamentarias, ya que siempre podría predicarse de las mismas algún efecto económico potencial a corto o medio plazo.

Sin embargo, esta circunscripción del veto a las enmiendas o proposiciones de ley con incidencia en el presupuesto en vigor puede conllevar, asimismo, un vaciamiento de esta facultad gubernamental. Y es que bastaría con que se pospusiese la entrada en vigor de la medida legislativa en cuestión para eludir la oposición del Ejecutivo a su tramitación. De modo que esta interpretación estricta del ámbito temporal del veto, que busca evitar un abuso de su

---

181 Martínez Lago calificaba como "muy forzada" esta exégesis del Tribunal Supremo por la que se equiparaba la naturaleza y efectos de los presupuestos y de los objetivos de estabilidad, puesto que los procedimientos para fijar éstos y aprobar aquellos "tienen diferente contenido, distintas consecuencias y siguen cauces diferenciales en su tramitación parlamentaria" (Martínez Lago, M. A.: "Objetivos de déficit y deuda pública: ¿su control por el Tribunal Supremo?", *Revista Española de Derecho Europeo*, nº 60, 2016, p. 147).

ejercicio por el Gobierno, sería susceptible de desembocar en otra situación potencialmente lesiva, ya que el Legislativo podría tratar de impedir la operatividad del veto mediante el diferimiento de las iniciativas presentadas.

Pero, más allá de este riesgo —es decir, de este posible *gaming the veto*, si se permite la expresión—, el nudo gordiano estriba aquí en si cabe reconocer algún tipo de efecto jurídico-presupuestario a los objetivos de déficit. Porque, en caso afirmativo, no resultaría descabellado sostener —en contra de la tesis del Tribunal Constitucional— la proyección del veto a los ejercicios comprendidos en los correspondientes acuerdos.

Ciertamente, no puede desconocerse la mutación del ciclo presupuestario propiciada por la constitucionalización del principio de estabilidad. Además, no parece que estemos sólo ante una serie de modificaciones procedimentales, sino más bien ante un auténtico cambio de paradigma, donde los esquemas tradicionales de la relación jurídico-presupuestaria entre los poderes Ejecutivo y Legislativo se han visto alterados en su esencia. Básicamente, porque el presupuesto ha dejado de ser una materia puramente interna para insertarse —ahora sí, de modo efectivo— en un marco supranacional que, de alguna manera, condiciona su configuración.

Expresado en otras palabras, los objetivos de estabilidad presupuestaria, con independencia de su ejecutividad o no desde una óptica estrictamente jurídica, sí parecen tener repercusión en los presupuestos posteriores. Desde el momento en que el Gobierno ha de elaborar un proyecto de ley que se ajuste a tales objetivos, el Parlamento también estará supeditado a ellos a la hora de aprobarlo, al menos en lo que respecta al primer presupuesto del trienio comprendido en el acuerdo. Esto es, quizás sus cifras no sean directamente ejecutables —como sí lo son, en cambio, las consignadas en el presupuesto—, pero condicionan en cierto modo tanto al Ejecutivo como al Legislativo, en cuanto a la preparación y aprobación, respectivamente, del presupuesto siguiente[182].

Con esto no quiere decirse que presupuestos y objetivos de estabilidad compartan una misma naturaleza, ni tengan idénticos efectos jurídicos. Pero tampoco puede negarse que los primeros resulten afectados por los segun-

---

[182] En este sentido, Martínez Lago señala que "[a]hora que el principio de estabilidad presupuestaria se ha constitucionalizado y en su desarrollo se cuenta con las previsiones de una Ley Orgánica de contenido predeterminado y con vocación funcional, puede considerarse resuelta la cuestión anterior en un sentido diferente —al menos en lo que se desprende del tenor literal de la LOEPSF—, quedando comprometido entonces el Gobierno a preparar un proyecto de Presupuestos Generales del Estado que se acomode a los objetivos de estabilidad y de deuda pública que él mismo aprobó, siempre que, ulteriormente, haya logrado el respaldo del Congreso y del Senado. Y, ambas Cámaras tendrán que sujetarse igualmente a dichos objetivos cuando tramiten y aprueben la correspondiente Ley de Presupuestos Generales del Estado del primer año de los tres comprendidos en el Acuerdo que el Gobierno les remitió para su aprobación. Obviamente, dado el carácter deslizante y sujeto a eventuales cambios de los objetivos de estabilidad y de deuda en relación con la situación económica, la vinculación de las otras dos anualidades deberá constatarse en los años siguientes, en relación con los porcentajes de déficit y volumen de deuda que figuren en los acuerdos que adopte el Gobierno en su momento y traslade a las Cámaras para su consideración" (*Ibídem*, p. 150).

dos, ya que la aprobación por las Cámaras del acuerdo gubernamental acaba estableciendo unos determinados límites a los que debe plegarse el futuro presupuesto. En cierto modo, podría llegar a reconocerse entonces una *vinculatoriedad* indirecta a dichos objetivos, pese a no ser inmediatamente ejecutivos en clave jurídica. Y ello porque la necesidad de que el presupuesto haya de respetar dicho acuerdo hace que éste último aparezca, en alguna medida, integrado en aquél, de lo que se derivaría su eventual carácter vinculante.

En cualquier caso, a partir de la reforma constitucional la elaboración de los presupuestos queda encuadrada en un marco a medio plazo que resulta, a su vez, compatible con el principio de anualidad. De hecho, la actual legislación sobre estabilidad presupuestaria requiere conjugar ambos escenarios, cada uno desde su respectiva dimensión.

Pues bien, esta dualidad impuesta por el actual régimen jurídico de estabilidad presupuestaria parece ignorarse totalmente si el ámbito de aplicación temporal del veto se acaba circunscribiendo, sin excepción, a las medidas que presenten un efecto verificable en el presupuesto en vigor. Llevada al extremo, esta exégesis —además de obviar la influencia que los objetivos de estabilidad tienen hoy en día en el campo presupuestario— podría colisionar con la auténtica finalidad del veto: si el artículo 134.6 de la Carta Magna pretende proteger el instrumento económico sobre el que se apoyan las políticas del Ejecutivo, debería tenerse en cuenta su inserción en otros períodos que se prolongan en el tiempo y rebasan manifiestamente la simple anualidad presupuestaria.

En suma, dada la reformulación jurídica de la materia presupuestaria provocada por la constitucionalización del principio de estabilidad, surgen dudas acerca de si esa interpretación restrictiva del veto —que lo anuda al presupuesto en vigor— es la única posible o, incluso, la más adecuada desde una perspectiva teleológica. En tanto la acción del Gobierno se halla ahora subordinada a los objetivos de déficit, la facultad de veto —pensada en última instancia para salvaguardar aquélla— podría extenderse a las iniciativas legislativas que, pese a no afectar al presupuesto en curso, impidiesen su consecución. Porque, en realidad, sólo así se lograría que el Ejecutivo pudiese desarrollar su programa de acuerdo con tales objetivos.

Tal vez pudiera objetarse, en un sentido opuesto, que el veto únicamente se dirige a garantizar la ejecución gubernamental del presupuesto aprobado por las Cortes Generales. Sin embargo, no puede obviarse que el acuerdo del Ejecutivo sobre los objetivos de estabilidad y deuda también se halla autorizado expresamente por las Cámaras, a lo que se añadiría la incuestionable incidencia que tiene en los presupuestos siguientes a su adopción.

Formulado en otros términos, si se entiende que el artículo 135 de la Constitución exige que el presupuesto se acomode a dichos objetivos de carácter plurianual, entonces podría quedar justificada la extensión del veto a ejercicios futuros —concretamente, los comprendidos en el acuerdo correspondiente—. En caso contrario, el veto perdería su sentido, que no es otro que el de proteger la acción política del Gobierno autorizada por las Cortes. Si éstas han dado su aquiescencia a unos objetivos de déficit que en cierto modo determinan los márgenes de los presupuestos ulteriores, no resulta coherente que luego se adopten iniciativas legislativas que pongan en riesgo su cumplimiento[183]. De ahí que el alcance del veto pudiera ir más allá del aseguramiento del presupuesto en vigor, puesto que el mismo se incrusta en un escenario

---

183 Para Jiménez Díaz, el argumento de que la aprobación parlamentaria de los presupuestos constituye el otorgamiento de la confianza de la Cámara al programa anual de política económica del Gobierno —y que esa confianza no puede retirarse en tanto esté vigente la ley de presupuestos, ni puede modificarse su contenido sin la conformidad del Gobierno— también resulta aplicable "a un estadio anterior del procedimiento presupuestario, en el que también se aprueba en sede parlamentaria una propuesta del Gobierno. Se trata del acuerdo que aprueba el objetivo de estabilidad y el límite de gasto no financiero previsto en el artículo 15 de la Ley Orgánica 2/2012, de 27 de abril, de Estabilidad Presupuestaria y Sostenibilidad Financiera. También en este caso se trata de una manifestación de confianza hacia la propuesta gubernamental que es a su vez la expresión cifrada de lo que será la política global de gasto del Gobierno, la base sobre la que el mismo debe elaborar los PGE conforme a lo dispuesto en el artículo 15.7 de la citada Ley. Siendo así, tampoco sería de recibo que las mismas Cámaras que han aprobado el objetivo de estabilidad, ejerciesen iniciativas que supongan la superación de ese objetivo, merced a la presentación de enmiendas a los PGE que desborden el porcentaje de déficit previsto en dicho objetivo o minore el superávit previsto, si fuera éste el caso. Las Cámaras deberían respetar su propia decisión previa y no alterar la misma mediante el recurso a la enmienda (...). Si las Cámaras no pueden ir contra sus propios actos cuando se trata de la aprobación del Presupuesto, tampoco deberían hacerlo cuando se trata del objetivo de estabilidad y de la cifra global de gasto que ellas mismas han fijado al aprobar la propuesta del Gobierno" (Jiménez Díaz, A.: "El derecho de enmienda...", op. cit., pp. 481-483).

plurianual que lo condiciona, en aras de la consecución de unos objetivos de estabilidad a los que debe plegarse la actuación de los poderes públicos.

Obviamente, no se trata de habilitar al Gobierno para oponerse a cualquier iniciativa legislativa sobre la base de unos pretendidos efectos en tales objetivos. No bastaría con alegar meramente que éstos podrían verse afectados, sin mayores especificaciones al respecto. Pero si el Ejecutivo justificase adecuadamente la incidencia de la enmienda o proposición en los objetivos de estabilidad presupuestaria, ¿podría ese hipotético veto gubernamental ser tachado de arbitrario? Es decir, si se motivase el impacto en los ingresos y gastos de ejercicios comprendidos en el período cubierto por el acuerdo, ¿sería razonable admitir el veto en estos supuestos?

En todo caso, el Tribunal Constitucional parece haber zanjado definitivamente esta cuestión al rechazar que el veto presupuestario esté llamado a garantizar la observancia del principio de estabilidad presupuestaria. A su juicio, no cabe proyectar esta figura sobre iniciativas legislativas con posibles efectos en ejercicios posteriores al actual, siendo los objetivos de estabilidad irrelevantes a tales efectos. Por tanto, el veto queda ligado inescindiblemente al principio de anualidad, sin que se acepte su extensión a otros presupuestos distintos del vigente.

Sin embargo, insistimos en que esta línea argumental podría llevar a interpretar que tampoco fuera posible ejercer el veto en relación con las enmiendas presentadas al proyecto de ley de presupuestos que impliquen una disminución de ingresos o un aumento de los créditos. Y ello por la misma razón por la que se impide extender la oposición gubernamental a otras medidas legislativas que no afecten al presupuesto en curso: dicho proyecto no es un presupuesto vigente, sino tan sólo futurible. De igual forma que la anualidad presupuestaria limita el veto a iniciativas con efectos en el ejercicio presente, esa misma interpretación de dicho principio conduciría a que el Gobierno no pudiera oponerse a las enmiendas formuladas al proyecto de presupuestos, al no estar todavía en vigor.

A fortiori, la estricta sujeción del veto al principio de anualidad entraña el peligro, ya apuntado, de que se termine desvirtuando la aplicabilidad práctica del artículo 134.6 de la Constitución, a través del establecimiento sistemático de cláusulas de diferimiento temporal de las medidas legislativas con incidencia presupuestaria. Esto podría salvarse, quizás, ampliando el ámbito temporal del veto al marco plurianual en el que se inserta el ejercicio en el cual se haya presentado la enmienda o proposición, conjugándose así los principios de anualidad y estabilidad presupuestarias.

Ahora bien, en este caso únicamente cabría requerir al Ejecutivo que justificase la posible repercusión de tales medidas en los objetivos de déficit, al no poder exigírsele una identificación de las partidas presupuestarias concretamente afectadas. Ello supondría la validación del concepto de "impacto económico", como elemento integrante del presupuesto del veto presupuestario, introduciéndose altas dosis de discrecionalidad —¿e inseguridad jurídica? — en la apreciación de su concurrencia.

3. ASPECTOS FORMALES Y PROCEDIMENTALES DEL VETO: LA MOTIVACIÓN GUBERNAMENTAL Y EL CONTROL DE LA MESA

3.1. La justificación por el Gobierno de la incidencia presupuestaria

Recuérdese que el Tribunal Constitucional también exige que la disconformidad gubernamental venga apoyada por una motivación que evidencie, suficientemente, la incidencia efectiva en el presupuesto vigente de la enmienda o proposición que pretenda vetarse. Ello implica, en última instancia, que el Ejecutivo deba concretar las partidas presupuestarias afectadas por la iniciativa legislativa, justificando la disminución de ingresos o el incremento de créditos que llevaría aparejada su eventual aprobación[184].

---

184 Según el Informe de la Secretaría General del Congreso de los Diputados sobre el ejercicio de la facultad del Gobierno prevista en los artículos 134.6 de la Constitución y 126 del Reglamento del Congreso de los Diputados después de la reciente jurisprudencia constitucional, "[l]a motivación del Gobierno, por tanto, deberá hacerse de forma expresa y éste podrá oponerse solo en aquellos casos en los cuales la medida propuesta, enmienda o proposición, incida directamente en el citado presupuesto. La motivación del Gobierno debe expresar tal incidencia precisando las concretas partidas presupuestarias que se verían afectadas. Lógicamente, el Gobierno dispone de margen de apreciación, pero la misma se vincula y ciñe a los casos en los cuales una Proposición de Ley tenga incidencia directa e inmediata en el plan presupuestario en vigor, lo que significa que implique razonablemente un incremento de los créditos o una disminución de

Esta motivación del veto requerida por el Tribunal Constitucional trata no sólo de evitar la arbitrariedad del Gobierno en el ejercicio de esta facultad, sino también que su aplicación responda al fundamento del artículo 134.6 de la Carta Magna. Es decir, no basta ya con que el veto tenga que estar razonablemente fundamentado, para que el Ejecutivo no pueda aplicarlo a su antojo. Ahora, se requiere además la demostración gubernamental de la afectación del presupuesto en curso por la medida en cuestión, al entenderse que la finalidad del veto viene constituida por el aseguramiento de la ejecución del programa político del Gobierno, plasmado en el presupuesto aprobado por el Legislativo.

Por tanto, la determinación del ámbito material y temporal del veto, efectuada por el Tribunal Constitucional en sus últimos pronunciamientos, condiciona absolutamente la motivación impuesta al Gobierno, transformando *a fortiori* su configuración inicial. Ésta trasciende ahora de la simple interdicción de la arbitrariedad, porque ya no se busca sólo que la disconformidad gubernamental cuente, simplemente, con una motivación razonable que excluya su proyección indiscriminada —tal como apuntaba la Sentencia 242/2006, de 24 de julio—.

Ciertamente, a partir de la Sentencia del Tribunal Constitucional 34/2018, de 12 de abril, se añade un plus importante al contenido de la motivación, al obligar al Ejecutivo a acreditar la repercusión en el presupuesto en vigor de

---

los ingresos en el mismo ejercicio presupuestario" (*Revista de las Cortes Generales*, nº 106, 2019, p. 537).

la medida objeto del veto[185]. Y ello en aras de impedir un empleo abusivo por el Gobierno de la facultad conferida por el artículo 134.6 de la Constitución, entendido como aquél no acorde al espíritu y finalidad del veto[186].

Ahora bien, en este punto cabría reflexionar acerca de si esa extensión del alcance del deber de motivación pue-

---

185 Para Escribano, "[l]a disconformidad gubernamental debe ser suficientemente motivada, a fin de que pueda verificarse la efectiva conexión de la medida objeto de debate con los ingresos y gastos presupuestados del Presupuesto en ejecución. El TC lo formula con precisión: el presupuesto habilitante de la disconformidad gubernamental no es otro que la estricta vinculación a la norma presupuestaria en vigor, es decir, a la correspondiente al Presupuesto que se está ejecutando, nunca a un Presupuesto futuro, pues supondría, en ese caso, ahora sí, precisamente, un menoscabo de las competencias de las Cámaras proyectadas en el tiempo" (Escribano, F.: *El principio constitucional de competencia presupuestaria…*, op. cit., p. 201).

186 En opinión de Martí Sánchez, "[a]l exigir que la conexión entre la medida que se propone y los ingresos y gastos presupuestarios sea directa e inmediata, actual, y por lo tanto no meramente hipotética, se están excluyendo del ejercicio del derecho de veto gubernamental muchas de las medidas de política económica, reservando dicho instrumento, exclusivamente, para las medidas de tipo prestacional de fácil cuantificación. Quizás es la idea que late detrás del art. 134.6 CE. Al fin y al cabo, se trata de una dovela del delicado equilibrio entre órganos constitucionales que solamente cumplirá su función cuando se aplique desde el más pulcro y riguroso respeto institucional" (Martí Sánchez, S.: "Sobre la compleja aplicación práctica del artículo 134.6 de la Constitución. Comentario a las Sentencias del Tribunal Constitucional 139/2018, de 17 de diciembre y 17/2019, de 11 de febrero, en los recursos de amparo núm. 729-2018 y 1104-2018", *Revista de las Cortes Generales*, nº 106, 2019, p. 569).

de entrar en conflicto con la discrecionalidad que parece subyacer en una potestad como la de veto. No se cuestiona la necesidad de que la disconformidad gubernamental cuente con la correspondiente motivación, pero quizás haya que preguntarse si bastaría, para cumplir dicho requisito, con que la oposición a la tramitación de la enmienda o proposición no fuese manifiestamente infundada. De modo que, en caso de que el Ejecutivo hubiese explicado suficientemente el impacto presupuestario de la medida, su criterio dejaría de ser irrazonable y, por ende, no podría tacharse de arbitrario.

No obstante, el Tribunal Constitucional niega que exista discrecionalidad alguna en la apreciación por el Gobierno de la concurrencia del supuesto de hecho del artículo 134.6 de la Constitución: solamente si se verificase el efecto de la enmienda o proposición en el presupuesto en vigor, el Ejecutivo podría entonces decidir hacer uso —o no— de su facultad de veto[187]. ¿Se convierte así el veto en

---

[187] En palabras de Marrero García-Rojo, "[d]eterminar si se cumple el requisito del aumento de los créditos o la disminución de los ingresos presupuestarios es una operación técnico-jurídica, que exige la búsqueda de la solución que se entienda correcta desde esa perspectiva, con independencia de las dificultades y dudas interpretativas y aplicativas que puedan surgir. En modo alguno es una decisión política. En modo alguno es una decisión libre. Tales caracteres, en su caso, sólo podrán predicarse de la estricta declaración de voluntad que emita el Gobierno expresando su disconformidad con la tramitación, una vez cumplido el requisito que la condiciona (...). [L]a confianza del Parlamento en el Gobierno determina que este pueda ejercer su función de dirección política sin restricciones injustificadas, pero de dicha función de dirección política no puede formar parte, desde luego,

una suerte de potestad reglada que exclusivamente permite al Gobierno verificar si los hechos producidos son los previstos por la norma? ¿Carece el Ejecutivo, pues, de libertad apreciativa alguna respecto a la realización del supuesto fáctico del precepto constitucional?

En nuestra opinión, surgen dudas en torno a si la incidencia presupuestaria de la enmienda o proposición —auténtico núcleo del presupuesto normativo del artículo 134.6 de la Constitución— deviene un elemento completamente objetivable que predetermine el sentido de la decisión. Planteado en otros términos, ¿la decisión gubernamental relativa a si la iniciativa legislativa conlleva o no una disminución de los ingresos o un aumento de los créditos no entraña, de suyo, un análisis valorativo? ¿Realmente cabe afirmar que esa repercusión presupuestaria constituye un hecho directamente constatable o, por el contrario, no deja de ser un parámetro interpretable por el Ejecutivo?

En este sentido, la aplicación del precepto parece llevar aparejada la necesidad de acudir a una cierta ponderación

---

la apreciación de si una enmienda o una proposición de ley supone aumento de los créditos o disminución de los ingresos presupuestarios, decisión de carácter objetivo y reglado, al margen de las dificultades de interpretación del requisito y de las que puedan surgir en su aplicación concreta" (Marrero-García Rojo, A.: "El control del ejercicio…", op. cit., pp. 323-324 y 329). En este mismo sentido, afirma Gómez Corona que "[e]l Gobierno es libre para presentar su veto sólo si el presupuesto de hecho se produce. Si no es así, no puede limitar la potestad legislativa de las Cámaras" [Gómez Corona, E.: "Las potestades financieras…", op. cit., p. 24 (versión electrónica)].

del efecto presupuestario de la enmienda o proposición susceptible de veto, a la hora tanto de identificar las partidas afectadas como de cuantificar el importe en el que se verían alteradas. En puridad, nos encontramos ante operaciones jurídicas que exceden del terreno puramente cognitivo para adentrarse en el propiamente valorativo: no se trata de la constatación de hechos —porque éstos no se han producido aún—, sino más bien de simples estimaciones sobre el posible impacto presupuestario de una medida legislativa que todavía no ha sido adoptada.

Resulta difícil, por ende, rechazar de plano cualquier dosis de discrecionalidad en la apreciación de esa incidencia presupuestaria, ya que el Gobierno dispone de un cierto margen para concluir si la enmienda o proposición tiene o no repercusión sobre el presupuesto en curso[188]. A la postre, la actuación del Ejecutivo en este punto no deja de ser una valoración subjetiva de un hipotético efecto.

A nuestro parecer, deviene discutible reducir la discrecionalidad del Gobierno, en el ámbito del veto presupuestario, a escoger entre ejercerlo o no una vez verificado el supuesto fáctico del precepto constitucional. No parece que la determinación de la posible afectación presupuestaria de la medida pueda sustraerse a un examen valora-

---

188 En esta línea apuntaban García Morillo y Pérez Tremps que "la función de gobierno está caracterizada por los amplios márgenes de discrecionalidad que exige la gestión diaria de los asuntos públicos, discrecionalidad de la que participa la asunción o no de propuestas que rompan ese equilibrio presupuestario por su incidencia directa en el conjunto de la actividad del ejecutivo" (García Morillo, J. y Pérez Tremps, P.: "Legislativo vs. Ejecutivo…", op. cit., p. 38).

tivo previo por el Gobierno, lo que nos sitúa en el campo de la discrecionalidad, al menos desde una perspectiva unitaria de este concepto.

Otra cosa es que dicha discrecionalidad haya de estar motivada para no incurrir en arbitrariedad. Dicho de otro modo, lo que resultaría exigible es que el ejercicio de esta potestad se halle justificado con argumentos de los que, razonablemente, se desprenda el impacto presupuestario de la enmienda o proposición. No parece que deba —¿pueda?— irse mucho más allá en la conformación del deber de motivación del Ejecutivo.

Así pues, existen serias dificultades para articular el supuesto de hecho del artículo 134.6 de la Constitución en términos reglados, sencillamente porque la incidencia presupuestaria no es un elemento susceptible de una constatación directa y objetiva. En cambio, el Tribunal Constitucional considera que, en cada caso, sólo puede haber una única solución posible, en función de si concurre o no esa afectación presupuestaria. Pero esta postura parte de una premisa cuando menos controvertible, como es el carácter no subjetivo o valorativo de dicha circunstancia[189].

---

189 El Tribunal Constitucional parece deslizar, en uno de sus últimos pronunciamientos —concretamente, la Sentencia 132/2023, de 23 de octubre—, que bastaría para validar el veto gubernamental con que éste no fuese arbitrario, en el sentido de que cuente con una motivación suficiente sobre el impacto presupuestario de la medida, si bien sigue exigiendo la indicación de las partidas concretamente afectadas por la misma.

A mayor abundamiento, la función de garantía de la ejecución de las políticas públicas ínsitas en el presupuesto, atribuida tradicionalmente a la figura del veto, posiblemente legitime un umbral de discrecionalidad gubernamental más elevado a la hora de entender producido ese efecto presupuestario. En tal caso, podría ser suficiente con que su criterio no fuera manifiestamente infundado ni irracional, sin exigir una motivación desproporcionada que haga prácticamente inviable el ejercicio de esta potestad.

De forma colateral, esta exégesis abriría la puerta a que la consecución de los objetivos de estabilidad presupuestaria sirviera como motivo jurídico válido para la aplicación del veto. Ahora bien, no bastaría con el planteamiento de meras conjeturas, sino que sería precisa una argumentación sólida y coherente que evidenciase la puesta en riesgo de dichos objetivos de aprobarse la enmienda o proposición. Ello supondría relajar las exigencias de motivación del veto, al pasarse de tener que justificar la incidencia presupuestaria de la medida en el presupuesto en curso a, simplemente, exponer su impacto presupuestario en un marco plurianual.

Sin embargo, somos conscientes de que este posicionamiento no casa bien con el sentido primigenio del veto ni, por tanto, con una concepción teleológica de esta figura conforme al mismo. Lo que ya no parece tan claro es que tampoco se compadezca con una interpretación histórico-evolutiva del artículo 134.6 de la Constitución, esto es, acorde con la realidad del tiempo en que deba aplicarse. Porque, en el actual contexto normativo, el principio de estabilidad presupuestaria ha adquirido una relevancia tal que podría abocar en una ampliación de la finalidad del veto y, como consecuencia, también de su ámbito de aplicación temporal.

Las instituciones jurídicas no son inmutables ni tampoco pueden permanecer ajenas al devenir social y económico. Desde esta óptica, el veto presupuestario estaba pensado originalmente para blindar al Gobierno a la hora de ejecutar un presupuesto que, por aquel entonces, se concebía en clave totalmente interna y se hallaba regido por una estricta anualidad. Lógicamente, esto no resulta predicable en el momento presente, caracterizado por un (re)diseño del ciclo presupuestario acordado desde instancias europeas y en cuya cúspide aparece ahora situado el principio de estabilidad. Por lo que tal vez no hubiera sido desacertado apostar por una visión del veto presupuestario más ajustada a este nuevo escenario.

Ahora bien, no puede ignorarse que el acogimiento de esta tesis probablemente dificultaría el control jurídico del veto gubernamental, al introducirse una mayor laxitud en la apreciación de su supuesto fáctico. Obviamente, la inseguridad jurídica —y la consiguiente *litigiosidad*— resultan minimizadas si, tal como ha hecho el Tribunal Constitucional, se requiere que la motivación del Ejecutivo contenga la identificación y cuantificación del crédito o ingreso específicamente afectados por la medida que se quiera vetar. Así, en tanto se exige que el Gobierno justifique la conexión del veto con el presupuesto vigente, se facilita la fiscalización de su ejercicio, adoptándose una posición más garantista del *ius in officium* de los representantes políticos y, por elevación, de la función parlamentaria.

3.2. El control del veto por la Mesa: sus funciones de calificación y el *ius in officium* de los parlamentarios

El Tribunal Constitucional admite la fiscalización por la Mesa de la motivación gubernamental del veto, debiendo comprobar que el Ejecutivo haya justificado suficientemente el incremento de crédito o la disminución de ingresos que, con respecto al presupuesto en curso, se derivaría de la adopción de la correspondiente enmienda o proposición. Facultad de control que, en última instancia, se hace descansar en la función genérica de calificación de la Mesa, en virtud de la cual puede declarar la admisibilidad o no de los escritos y documentos de índole parlamentaria, entre los que se incluiría también la disconformidad manifestada por el Gobierno a la luz del artículo 134.6 de la Constitución.

En este sentido, precisa el Tribunal que dicho control de la Mesa no tiene un carácter político, sino tan sólo técnico-jurídico, lo que conlleva que el órgano cameral no pueda reemplazar al Ejecutivo en el ejercicio de la potestad de veto. Ahora bien, la fiscalización de la Mesa no se reduce a constatar la existencia de un pronunciamiento expreso y temporáneo del Gobierno sobre la iniciativa legislativa, sino que abarca también la comprobación del cumplimiento del presupuesto material del precepto constitucional. Es decir, la Mesa habrá de verificar que la incidencia en el presupuesto vigente, aducida por el Gobierno en la motivación del veto, sea real y efectiva, examinando que se hayan identificado y cuantificado las partidas susceptibles de afectación por la enmienda o proposición.

Por tanto, el órgano parlamentario podrá rechazar el veto del Ejecutivo si éste no acredita la incidencia presupuestaria de la medida legislativa en cuestión. Y, para ello, tendrá que entrar a valorar, siquiera de forma indirecta, la correcta observancia de los requisitos sustantivos del artículo 134.6 de la Carta Magna. Dicho en otros términos, a través del control de la motivación gubernamental del veto se permite a la Mesa pronunciarse sobre las razones materiales que sustentan su ejercicio. Así pues, no se trata de un control exclusivamente formal, consistente en la simple comprobación de que la respuesta gubernamental cuente con una mínima motivación; en la práctica, la fiscalización de la Mesa se extiende también al ámbito material, proyectándose sobre la repercusión presupuestaria de la enmienda o proposición.

En este punto, cabría reflexionar acerca de si la naturaleza propia de las funciones de calificación de la Mesa puede amparar un control de este tipo o, en cambio, tan sólo habilitaría para realizar una verificación formal de la disconformidad gubernamental.

Pues bien, la actual doctrina constitucional sobre el alcance de las funciones de calificación de la Mesa en relación con las iniciativas legislativas establece, como regla general, su circunscripción a la comprobación de las exigencias formales establecidas por el ordenamiento. No obstante, excepcionalmente se reconoce la posibilidad de que la Mesa ejerza un control sobre el contenido de la iniciativa si la normativa así lo prevé o cuando aquélla resulte inconstitucional o contraria a Derecho de modo palmario y evidente, entre otros casos[190].

El fundamento de esta concepción restrictiva de las funciones de calificación de la Mesa entronca con la oportuna protección de los derechos fundamentales de los parlamentarios, reconocidos en el artículo 23.2 de la Constitución. En efecto, dado que la tramitación de la iniciativa legislativa depende del acuerdo adoptado por la Mesa, se hace necesaria una exégesis que limite la fiscalización de este órgano al ámbito jurídico-formal, en aras de salvaguardar el *ius in officium* de los representantes políticos[191].

Es esta finalidad, precisamente, la que parece subyacer en el control material que, en cambio, atribuye el Tribunal Constitucional a la Mesa con respecto al veto presupuestario. Si lo que se pretende es garantizar el contenido esencial de los derechos plasmados en el artículo 23.2 de la Carta Magna, es lógico que, de un lado, la fiscalización por la Mesa de las iniciativas legislativas se reduzca al plano formal y, de otro, se amplíe al terreno sustantivo cuando se trate de validar el veto a una enmienda o proposición.

Expresado de otro modo, la protección de la función representativa requiere impedir el bloqueo en la tramita-

---

190 Sentencias del Tribunal Constitucional 46/2018 y 47/2018, ambas de 26 de abril (ECLI:ES:TC:2018:46 y ECLI:ES:TC:2018:47, respectivamente).

191 De Piniés Ruiz, F. J.: "Delimitación de la función de calificación de las Mesas de las Cámaras. Comentario a las Sentencias del Tribunal Constitucional 46/2018, de 26 de abril, y 47/2018, de 26 de abril", *Revista de las Cortes Generales*, nº 107, 2019, p. 538.

ción de las iniciativas legislativas, para que aquélla pueda desarrollarse plenamente. De ahí que la Mesa no pueda inadmitirlas por cuestiones de fondo —salvo en ciertas circunstancias que así lo justifiquen— y, por el contrario, deba analizar las razones materiales esgrimidas por el Ejecutivo para vetar las enmiendas o proposiciones presentadas por los parlamentarios.

En este último caso, puesto que la disconformidad gubernamental imposibilita la toma en consideración de la iniciativa por el Pleno, el control de la Mesa no sólo ha de ceñirse a los aspectos estrictamente formales, al objeto de evitar un abuso del veto que acabe menoscabando el núcleo indisponible del *ius in officium.* La evidente restricción de la potestad legislativa de las Cámaras que conlleva la aplicación de esta figura justificaría, por ende, su fiscalización material por la Mesa.

En definitiva, las funciones de calificación de este órgano tendrían un distinto recorrido, abarcando desde la mera verificación formal hasta la valoración de aspectos sustantivos, como acaecería en los casos en que el Gobierno ejerciese su facultad de veto frente a una enmienda o proposición[192].

---

192 Con ocasión del recurso de amparo nº 6914-2018, que dio lugar a la Sentencia del Tribunal Constitucional 110/2019, de 2 de octubre (ECLI:ES:TC:2019:110), la Letrada de las Cortes Generales alegaba que éste último distinguía "claramente entre aquellas funciones de calificación y admisión a trámite, que requieren de la mesa una verificación meramente formal de la iniciativa, y aquellas otras respecto de las que la mesa tiene un margen de apreciación derivado de su condición de órgano rector y que pueden implicar la valoración de elementos materiales o sustan-

Ahora bien, una vez aceptado el control material por la Mesa de la disconformidad gubernamental, el interrogante se reconduciría a dilucidar el alcance del mismo. ¿Debe circunscribirse a contrastar que la decisión del Ejecutivo no sea infundada —esto es, que esté motivada, siquiera mínimamente, y no resulte así arbitraria—? ¿O tiene también que pronunciarse sobre la adecuación de los argumentos dados por el Gobierno en apoyo de su veto?

Aquí el Tribunal Constitucional vuelve a realizar una interpretación dilatada de las funciones de calificación de la Mesa para que ésta pueda enjuiciar el fondo de la motivación gubernamental del veto y, en consecuencia, determinar si el Ejecutivo ha acreditado correctamente la incidencia presupuestaria de la medida en cuestión. Ello implica que la Mesa pueda valorar, a través de la fiscalización de dicha motivación, la concurrencia del presupuesto del artículo 134.6 de la Constitución. Lo que es tanto como reconocer al órgano cameral, en último término, un amplísimo control de la facultad gubernamental de veto.

Ciertamente, si las funciones de calificación se conciben como un mecanismo de defensa del *ius in officium* de los parlamentarios, entonces parece coherente que impliquen también el control material de aquellos actos, como el veto presupuestario, susceptibles de aherrojar la iniciativa legislativa. Sin embargo, el riesgo reside en que la aplicabilidad del veto acabe quedando, por la puerta de

---

tivos, generalmente reconducibles a conceptos jurídicos indeterminados", apoyándose para ello precisamente en los pronunciamientos del Tribunal sobre el veto presupuestario.

atrás, en manos de la Mesa y, por consiguiente, que ésta acabe arrogándose la decisión última sobre el mismo.

Es evidente que cuando la oposición del Gobierno a la tramitación de la enmienda o proposición guarde silencio acerca de su repercusión presupuestaria, o bien no se precisen las partidas específicamente afectadas, la inadmisión del veto por parte de la Mesa estaría plenamente justificada. Lo que ya no está tan claro es que este órgano tenga una especie de derecho a disentir del criterio del Gobierno y, más aún, a imponer el suyo.

Esto es, si el Ejecutivo ha explicado razonablemente el efecto presupuestario de la medida, con indicación de los créditos o ingresos que podrían verse aumentados o reducidos como consecuencia de su aprobación, resulta dudoso que la Mesa pueda rechazar el veto[193]. En estos casos, no cabe tildar de infundada la disconformidad gubernamental; es más, *a priori* ésta respondería a las exigencias del Tribunal Constitucional sobre la necesaria conexión con el presupuesto en curso de la enmienda o proposición objeto del veto.

A lo sumo, aquí nos hallaríamos ante una discrepancia de la Mesa con el razonamiento del Gobierno que no parece suficiente, por sí sola, para neutralizar el efecto del

193 De acuerdo con el Informe de la Secretaría General del Congreso de los Diputados sobre el ejercicio del veto gubernamental, anteriormente citado, la Mesa no puede sustituir al Gobierno en el enjuiciamiento del impacto presupuestario de la enmienda o proposición, sino tan sólo comprobar que éste último no sea una mera hipótesis (op. cit., p. 538).

veto[194]. De lo contrario, podría producirse una extralimitación de las funciones de calificación de la Mesa que, con el afán de salvaguardar la función parlamentaria, terminara desnaturalizando la institución prevista en el artículo 134.6 de la Constitución. Y ello porque la fiscalización aparentemente técnico-jurídica del órgano cameral sería susceptible de transformarse, en la práctica, en un control de carácter político.

Por todo lo expuesto, tal vez fuera más apropiado que la labor de la Mesa se limitase a comprobar la ausencia de arbitrariedad en el ejercicio del veto gubernamental, pudiendo llegar a verificar, incluso, que la motivación del Ejecutivo haga referencia a las partidas del presupuesto en curso involucradas. Pero si la argumentación de dicha afectación presupuestaria tiene visos de razonabilidad, no parece que la Mesa debiera ir más allá en el control del veto, so pena de incurrir en una suerte de invasión competencial con respecto al mismo.

De otro lado, cabe subrayar que el acuerdo de la Mesa también ha de estar motivado, máxime cuando se acepte el veto del Gobierno sobre la enmienda o proposición[195].

---

194 Según García Mengual, el levantamiento del veto por parte de la Mesa no puede convertirse en un juicio de oportunidad basado en una mera discrepancia con el criterio del Ejecutivo, sino que debe reducirse a los casos en que la motivación gubernamental sea inexistente, insuficiente o inconsistente (García Mengual, F.: "Una relectura de la facultad…", op. cit., p. 212).

195 Como asevera Martí Sánchez, "[a]cepte o rechace el criterio del Gobierno, lo que está claro es que la Mesa debe proceder a una motivación expresa y razonada, en el primer caso porque afecta a los derechos fundamentales de los parlamentarios, y en el se-

En tales supuestos, se impide su toma en consideración por la Cámara, limitándose así el *ius in officium* de los parlamentarios. Por ello, no basta con que la Mesa se adhiera simplemente al criterio del Ejecutivo, sino que debe exponer de forma autónoma las razones por las que considera que el veto cohonesta con el presupuesto del artículo 134.6 de la Carta Magna.

En este sentido, el Tribunal Constitucional asigna a la Mesa la responsabilidad de velar por los derechos fundamentales proclamados en el artículo 23.2 de la Constitución, de lo que se deriva la función de fiscalización del veto presupuestario y, más concretamente, la necesidad de que se pronuncie expresamente sobre su aplicación por el Ejecutivo. Puesto que la admisión de la disconformidad gubernamental frente a la iniciativa legislativa acaba sustrayéndola del correspondiente debate de oportunidad en el Pleno de la Cámara, se exige que la Mesa controle jurídicamente la motivación del veto.

Esto supone que el órgano cameral deba valorar si el Gobierno ha justificado suficientemente la concurrencia del supuesto de hecho del artículo 134.6 de la Carta Magna, tal como éste ha sido configurado por el Tribunal Constitucional. Se precisa, pues, que la Mesa entre a considerar si el Ejecutivo acredita la incidencia de la medida legislativa en el presupuesto vigente, lo que en puridad

---

gundo, porque la posición institucional del Gobierno propia de nuestro parlamentarismo racionalizado se ve indudablemente cuestionada (Martí Sánchez, S.: "Sobre la compleja aplicación práctica...", op. cit., p. 566).

implica la realización de una revisión material del criterio gubernamental.

Téngase en cuenta que el Tribunal ha apreciado la vulneración de los derechos de participación política de los parlamentarios como consecuencia de la adopción por la Mesa de acuerdos confirmatorios del veto que, por su abstracción o generalidad, no hicieran explícitos los argumentos que permitiesen estimar cumplidos los requisitos sustantivos y temporales del artículo 134.6 —es decir, el impacto directo y efectivo de la proposición o enmienda en los créditos o ingresos del presupuesto en curso—. Por tanto, la Mesa tiene que controlar la observancia por el Ejecutivo de la doctrina sobre el veto presupuestario sentada por Tribunal Constitucional, no pudiendo compartir posiciones que, aun cuando estuviesen fundadas, se aparten de la misma.

Ello entronca con la obligación para la Mesa de rechazar aquellos vetos que se refieran a ejercicios futuros, incluso aunque se hubiese razonado por el Gobierno el potencial riesgo que la aprobación de la enmienda o proposición conllevaría para la consecución de los objetivos de estabilidad presupuestaria. De acuerdo con el Tribunal Constitucional, la asunción por la Mesa de esa aplicación extensiva del veto llevaría aparejado un cercenamiento del *ius in officium* de los miembros de la Cámara, al limitar injustificadamente su iniciativa legislativa.

En suma, se establece un control material del veto por parte de la Mesa, con la exigencia adicional de una motivación propia e independiente del criterio gubernamental, el cual nunca podrá ser asumido si rebasa el alcance material y temporal de la figura fijado por el Tribunal

Constitucional. Llegados a este punto, cabría preguntarse si esta fiscalización tan amplia del veto no se halla basada en una dilatación impropia de las funciones de calificación de la Mesa.

Es cierto que ésta tiene el deber de asegurar los derechos fundamentales de los parlamentarios, pero sin que pueda reemplazar al Ejecutivo en el ejercicio de la facultad de veto. De este modo, tal vez el control de la Mesa debería pasarse por el tamiz de la lealtad institucional que ha de regir las relaciones entre órganos constitucionales, como ya se deslizara en la Sentencia del Tribunal Constitucional 132/2023, de 23 de octubre[196]. Este principio exigiría que tanto el Gobierno como la Mesa no vieran menoscabadas sus competencias en relación con la aplicación del artículo 134.6 de la Carta Magna y, nuevamente, creemos que la arbitrariedad se erige en la clave de bóveda de una correcta separación de las funciones de ambos.

Dicho de otra manera, al Ejecutivo le corresponde ejercer el veto y justificarlo, refiriendo los créditos o ingresos que quedarían afectados por la enmienda o proposición. Por su parte, la Mesa habrá de verificar que la disconformidad gubernamental cuente con una motivación fundada[197]. Ahora bien, si ésta goza de una apariencia de ra-

---

196 Fundamento Jurídico cuarto. En este mismo sentido, Calvo Vérgez, J.: "A vueltas con la aplicación del art. 134.6 de la Constitución a la luz de la reciente Jurisprudencia del Tribunal Constitucional", *Quincena Fiscal*, nº 9, 2021, p, 31.

197 En opinión de García Morillo y Pérez Tremps, "[l]a exigencia de motivación debe predicarse fundamentalmente respecto del dato objetivo y técnico. Pero la exigencia de motivación no implica margen de apreciación para el destinatario de la oposición a tra-

zonabilidad, ¿hasta qué punto el órgano cameral puede denegar el veto sin retorcer la naturaleza de sus funciones de calificación?

La fiscalización de la Mesa debería quedarse, pues, en el análisis de la razonabilidad de la motivación del Gobierno: si no resulta ilógico pensar que las partidas señaladas por el Ejecutivo puedan verse alteradas por la medida propuesta, el órgano cameral tendría que admitir la disconformidad gubernamental, sobre la base de dicha razonabilidad. Con ello, se podría alcanzar un equilibrio en el que, por un lado, se eviten vetos arbitrarios que, obedeciendo a intereses estrictamente políticos, restrinjan la iniciativa legislativa de los parlamentarios; y, por otro lado, no se produzca un vaciamiento de esta potestad gubernamental, a través de una desviación de las facultades de la Mesa.

4. EL VETO AUTONÓMICO TRAS LOS PRONUNCIAMIENTOS DEL TRIBUNAL CONSTITUCIONAL

Finalmente, cabe preguntarse en qué medida la nueva doctrina del Tribunal Constitucional puede afectar a la facultad de veto de los gobiernos autonómicos. A modo de

mitar la enmienda o proposición, sino solamente un elemento general de todos los actos de los poderes públicos, que además de permitir, en su caso (...), el control político de la decisión, hará posible un hipotético control jurisdiccional frente a posibles abusos" (García Morillo, J. y Pérez Tremps, P.: "Legislativo vs. Ejecutivo...", op. cit., p. 23).

premisa, su aplicabilidad en este ámbito territorial —*mutatis mutandis*— quedaría fuera de toda duda, máxime si se tiene en cuenta la Sentencia 53/2021, de 15 de marzo.

Recuérdese que, en ésta última, se ventiló un recurso de amparo contra la inadmisión a trámite de una proposición de ley por parte de la Mesa de la Asamblea Regional de Murcia, siguiendo el criterio expresado por el ejecutivo autonómico acerca de su repercusión presupuestaria. Aquí el Tribunal Constitucional reitera plenamente la configuración jurídica del veto construida en sus pronunciamientos previos, en lo que respecta tanto a la preceptiva motivación por el Ejecutivo de su conexión con el presupuesto vigente, como al control que debe realizar la Mesa.

En términos normativos, ello no parece suscitar problema alguno, puesto que buena parte de las diferentes regulaciones autonómicas del veto ya se ajustaban en cierta medida a la posición actual del Tribunal Constitucional, al contemplar la necesidad de que se circunscriba a las enmiendas o proposiciones que tengan una incidencia directa en el presupuesto en curso. En cualquier caso, resulta evidente que las previsiones sobre el veto presupuestario contenidas en los reglamentos parlamentarios autonómicos deberán reinterpretarse, a partir de ahora —al igual que acaece en el plano estatal—, a la luz de los criterios sentados por el Tribunal en sus recientes pronunciamientos.

En este último sentido, quizás el mayor problema que presenta la adecuación de la normativa autonómica a la doctrina del Tribunal Constitucional sobre el veto sea, en nuestra opinión, el del control último de su ejercicio. En concreto, nos estamos refiriendo a aquellos supuestos en los que, en caso de discrepancias entre el Gobierno y la Mesa acerca de la concurrencia del presupuesto habilitante del veto, se confiera al Pleno de la Cámara su resolución[198].

Esta solución normativa parece sustraer a la Mesa la decisión final sobre si la enmienda o proposición afectan efectivamente al presupuesto en vigor y depositarla, en cambio, en el Pleno. Es precisamente en este punto donde habría que cuestionarse si este órgano, de naturaleza intrínsecamente política, deviene el más apropiado para dilucidar una cuestión de orden técnico, como es la incidencia presupuestaria de la medida[199].

Tal como se expuso *supra,* el Tribunal Constitucional residencia en la Mesa la fiscalización formal y material de la disconformidad gubernamental, lo que implica que tenga que valorar la motivación del impacto presupuestario de la medida objeto del veto. Este control se inserta, a juicio del Tribunal, en las funciones de calificación regla-

---

198 Véase, a tales efectos, el apartado tercero del primer capítulo ("El veto presupuestario en la normativa autonómica").

199 Ridao Martín pone en tela de juicio la idoneidad de atribuir al Pleno de la Cámara la última palabra en los casos de discrepancia sobre la calificación de la repercusión presupuestaria de una enmienda o proposición: "Precisamente porque la apreciación de la concurrencia del presupuesto material habilitante reviste un carácter técnico-jurídico, no acaba de quedar clara la conveniencia de trasladar la decisión última sobre la misma a un órgano que, por su naturaleza intrínseca, constituye la máxima expresión de la representación política en su ámbito" (Ridao Martín, J.: "El «veto» o limitación…", op. cit., p. 181).

mentariamente asignadas a la Mesa, que le permiten decidir sobre la admisibilidad de los escritos y documentos parlamentarios.

Pues bien, dado que dicho control no puede ser político, sino tan sólo técnico-jurídico —como ha repetido sistemáticamente el Tribunal Constitucional—, surgen serias dudas en torno a si el Pleno de la Cámara podría revisar el acuerdo de la Mesa por el que se rechaza el veto. Porque aquí sí se corre el riesgo de que la intervención del Pleno adquiera una dimensión política, en consonancia con la esencia de este órgano.

Expresado sin ambages, el Pleno de la Cámara es un órgano de carácter político, por lo que mal casa con la concepción del Tribunal Constitucional sobre el control del veto que sea aquél el que tenga la última palabra para concluir si la enmienda o proposición conllevan un incremento de los créditos o una disminución de los ingresos presupuestarios. La amenaza reside, pues, en que la fiscalización del veto por el Pleno termine realizándose en clave de oportunidad política y no desde un prisma estrictamente jurídico.

Probablemente este peligro ya exista de alguna manera con la atribución a la Mesa del control del veto presupuestario, pero se exacerba sobremanera si la resolución de las controversias entre aquélla y el Ejecutivo, al hilo de la realización o no de su supuesto normativo, se acaba reenviando al Pleno. De modo que, al final, esta especie de potestad revisora de la Cámara podría derivar en una suerte de censura impropia de la política presupuestaria del Gobierno o, cuando menos, en la desvirtuación de uno de los principales instrumentos de que éste dispone para defender su ejecución: la facultad de veto.

Desde esta perspectiva, téngase en cuenta que la primigenia Sentencia del Tribunal Constitucional 223/2006, de 6 de julio, ya declaró la inconstitucionalidad de la reforma del Reglamento de la Asamblea de Extremadura por la que se confería al Pleno de la Cámara la resolución de las posibles discrepancias en torno a la incidencia presupuestaria de una enmienda o proposición. El veto parece erigirse así en una potestad del Gobierno que no puede ser objeto de control político —pero sí técnico y jurídico—, pues de lo contrario se estaría alterando el sistema de relaciones establecido entre los poderes Ejecutivo y Legislativo.

Esta situación quizás podría salvarse en parte con la intervención de las oficinas presupuestarias de las Cámaras, materializada en la emisión de algún tipo de informe preceptivo sobre el impacto de la medida legislativa que, en definitiva, sirviera de base para la resolución de las discrepancias. Como es sabido, entre las funciones de estas oficinas se encuentra la de prestar asesoramiento técnico a los órganos de las Cámaras en relación con los presupuestos y, en general, con los ingresos y gastos públicos. Por consiguiente cabría establecer que, cuando los reglamentos autonómicos confieran al Pleno la composición de las controversias entre el Gobierno y la Mesa sobre la concurrencia del supuesto normativo del veto, aquél tuviese necesariamente que recabar el dictamen de la oficina presupuestaria. Con ello se trataría de dotar de un mayor rigor técnico a la decisión de un órgano consustancialmente político como el Pleno, aun cuando tampoco parece que pudiera predicarse una índole vinculante de dichos informes.

En cualquier caso, creemos que esa eventual participación de la oficina presupuestaria debería producirse en un momento procedimental previo, concretamente antes de que la Mesa se pronuncie sobre la procedencia del veto gubernamental. En esta línea cabría traer a colación, a nivel estatal, la proposición de reforma del Reglamento del Congreso de los Diputados, presentada sin éxito en 2017 por el Grupo Parlamentario Confederal de Unidos Podemos-En Comú Podem-En Marea, para la modificación de sus artículos 111 y 126[200].

---

200 *Boletín Oficial de las Cortes Generales. Congreso de los Diputados. XII Legislatura. Serie B: Proposiciones de Ley*, nº 117-1, 5 de mayo de 2017. Literalmente, la dicción propuesta para los apartados del artículo 126 del Reglamento del Congreso de los Diputados, relativos al veto a las proposiciones de ley, era la siguiente: «2. Ejercitada la iniciativa, la Mesa del Congreso ordenará la publicación de la Proposición de Ley y su remisión al Gobierno para que manifieste su criterio respecto a la toma en consideración, así como su conformidad o no a la tramitación si implicara aumento de los créditos o disminución de los ingresos presupuestarios. 3. Cuando el Gobierno manifieste su disconformidad en la tramitación de una Proposición de Ley, dicha disconformidad deberá ser comunicada de forma expresa, suficientemente motivada, dentro del plazo de treinta días hábiles a partir de su publicación y referirse única y exclusivamente al ejercicio presupuestario en curso. 4. La Mesa podrá, en ejercicio de las competencias que le otorga el art. 31.1 4.º y 5.º de este Reglamento, examinar y valorar tanto los requisitos formales como la motivación aportada por el Gobierno para decidir si acepta su disconformidad o se opone a la misma. A estos efectos, la Mesa podrá requerir del Gobierno la aportación de motivación adicional o comple-

mentaria dentro del plazo de quince días hábiles. Igualmente, cualquier grupo parlamentario podrá manifestar ante la Mesa de la Cámara su oposición a la disconformidad manifestada por el Gobierno, solicitándole que requiera al Gobierno información adicional. En caso de que la Mesa de la Cámara acuerde trasladar al Gobierno dicha solicitud, el Gobierno tendrá quince días hábiles para aportar motivación adicional o complementaria. 5. Cuando el Gobierno manifestara su oposición a la tramitación de una Proposición de Ley por suponer aumento de los créditos o disminución de los ingresos del ejercicio en curso, la Mesa podrá recabar informe a la Oficina Presupuestaria de las Cortes Generales sobre el impacto presupuestario de la norma. 6. Transcurridos treinta días sin que el Gobierno hubiera negado expresamente su conformidad a la tramitación, la proposición de ley quedará en condiciones de ser incluida en el orden del día del Pleno para su toma en consideración. Igual tratamiento tendrá la Proposición de Ley si el Gobierno no aportase la motivación adicional solicitada por la Mesa, dentro de los quince días siguientes a dicha solicitud. 7. Si la comunicación del Gobierno manifestando su disconformidad no fuese expresa o no se refiriera única y exclusivamente al ejercicio presupuestario en curso, la Mesa, previa comunicación expresa y suficientemente motivada al Gobierno, podrá proceder a su inclusión en el orden del día del Pleno. Igualmente, si la Mesa considerase que la disconformidad del Gobierno no estuviese suficientemente motivada y que su admisión pudiera suponer una eventual violación de los derechos fundamentales o de la potestad legislativa que, de conformidad con el art. 23.1 y 2 y 66.2 de la Constitución asisten a los Parlamentarios, podrá, previa comunicación al Gobierno expresa y suficientemente motivada, proceder a su inclusión en el orden del día del Pleno (...)». Por su parte, el artículo 111 hubiera quedado redactado del siguiente modo: «1. Las enmiendas a un Proyecto de Ley que supongan aumento de los créditos o disminución de los ingresos presupuestarios requerirán la conformidad del Gobierno para su tramitación. 2. La Ponencia

A grandes rasgos, esta iniciativa pretendía, en primer lugar, limitar el veto a aquellas proposiciones o enmiendas que incidiesen exclusivamente en el ejercicio en curso; en segundo lugar, reforzar el control por la Mesa de la disconformidad gubernamental, pudiendo incluso exigirse al Ejecutivo la aportación de motivación adicional o complementaria a la inicialmente aportada; y, en tercer lugar, facultar a los grupos parlamentarios para que también pudiesen manifestar ante la Mesa su oposición a los vetos ejercidos por el Gobierno frente a proposiciones de ley[201].

---

encargada de redactar el informe, remitirá al Gobierno, por conducto del Presidente del Congreso, las enmiendas que a su juicio puedan suponer aumento de los créditos o disminución de los ingresos del presupuesto en curso. 3. El Gobierno deberá dar respuesta sobre las enmiendas señaladas por la Ponencia encargada y sobre todas aquellas enmiendas que a su juicio también supongan un aumento de los créditos o disminución de los ingresos presupuestados, a través del Presidente de la Cámara, en el plazo de quince días. En ambos casos, la comunicación del Gobierno deberá ser expresa, y suficientemente motivada. 4. En el ejercicio de sus funciones de calificación de enmiendas, la Mesa de la Comisión correspondiente podrá recabar informe a la Oficina Presupuestaria de las Cortes Generales sobre el impacto presupuestario de las enmiendas presentadas a un Proyecto o Proposición de Ley. 5. Si el Gobierno no diese respuesta a la Ponencia encargada o justificase su disconformidad sobre las no contempladas por ésta, de forma expresa y motivada, dentro del plazo de quince días, se entenderá que el Gobierno expresa su conformidad respecto de todas las enmiendas publicadas».

201 Para Ridao Martín, esta última previsión “hace que la propuesta se aparte de la doctrina constitucional de la «doble responsabilidad» atribuida a la Mesa del Congreso” (Ridao Martín, J.: “El «veto» o limitación…”, op. cit., p. 175).

Asimismo, y en lo que a esta sede interesa, se contemplaba la posibilidad de que la Mesa solicitase a la Oficina Presupuestaria de las Cortes Generales un informe sobre el impacto presupuestario de la enmienda o proposición. Ahora bien, este informe se concebía como facultativo, integrándose su posible solicitud dentro de las funciones de calificación de la Mesa[202].

---

[202] En opinión de Delgado Ramos, "[s]urgen, en ese sentido, algunas dudas constitucionales, conectadas con el ejercicio de las funciones de la Oficina Presupuestaria, toda vez que la Mesa puede encontrarse con que, con ocasión de las discrepancias en torno a la información remitida por el Gobierno y la recabada de la Oficina, la Mesa se vea ante la obligación de deber posicionarse con lo manifestado por esta última, con lo que, en definitiva, se acabaría desnaturalizando el ejercicio del veto por parte del Gobierno. Hay que tener en cuenta que lo que acabaría produciéndose, stricto sensu, no es un debate «técnico» en torno a datos contables que puedan interpretarse de forma distinta por parte del Gobierno y el Parlamento, sino un *debate de orientación de la política económica* amparado en datos económico-financieros, y esa competencia es exclusiva del Ejecutivo con base en los arts. 97 y 134 CE. Si la Mesa pudiera, siempre, *interpretar y contraponer* sus propios datos a los suministrados por el Gobierno en el ejercicio de su legítima conformidad en la tramitación de proposiciones de ley o de enmiendas a sus propios proyectos de ley, no a título *consultivo o deliberativo, sino ejecutivo,* estaría interfiriendo en la función de *indirizzo* del Gobierno. Resulta, por tanto, relevante discernir, acotándolo, el estricto ámbito donde puede operar el veto presupuestario del Gobierno para no ser omnímodo e ilimitado, pero, también, cómo puede el Parlamento ejercer su función de control en el ámbito presupuestario desde el respeto a la exclusiva esfera competencial del Ejecutivo" (Delgado Ramos, D.: "El veto presupuestario del Gobierno", *Revista de Estudios Políticos,* nº 183, 2019 p. 96).

Pues bien, proyectando esta última propuesta al plano autonómico, tal vez el recurso a las oficinas presupuestarias podría coadyuvar a tecnificar esas controversias entre Gobiernos y Mesas, sobre todo cuando su resolución se acabe depositando en el Pleno de la Cámara, como hacen algunos reglamentos parlamentarios. Nótese, sin embargo, que la proposición de reforma del Reglamento del Congreso tan sólo establecía que fuera la Mesa la que, cuando tuviese que valorar la disconformidad gubernamental, pudiera recabar dicho informe sobre el impacto presupuestario de la medida. Por tanto, en ella debería recaer en exclusiva la fiscalización del veto presupuestario, cohonestando así con la responsabilidad que el Tribunal Constitucional reconoce a este órgano a tales efectos. Y, si el Gobierno no estuviese conforme con el criterio de la Mesa —ni, en consecuencia, con el rechazo del veto—, se hallaría legitimado entonces para acudir a los cauces normativamente previstos en los supuestos de conflicto entre órganos constitucionales.

En conclusión, reiteramos que la doctrina sobre el veto presupuestario del Tribunal Constitucional también afecta a las regulaciones autonómicas de esta figura, que habrán de ajustarse a la misma en su (re)interpretación y aplicación. En esta línea, el nuevo Reglamento de la Asamblea Regional de Murcia de 2019 —adoptado, por tanto, tras la Sentencia 94/2018, de 17 de septiembre— se erige en un claro ejemplo de adecuación a la actual conformación jurisprudencial del veto presupuestario. Y ello porque exige que la motivación gubernamental identifique las concretas partidas del presupuesto en vigor que se verían alteradas por la enmienda o proposición que se pretenda vetar, debiendo el Ejecutivo justificar la conexión directa entre la medida y el incremento del gasto o la disminución de los ingresos; además, se atribuye diáfanamente a la Mesa la verificación del cumplimiento de estos requisitos tanto materiales como formales y, por ende, el control último del correcto ejercicio del veto presupuestario.

BREVE EPÍLOGO

Desde su Sentencia 34/2018, de 12 de abril, el Tribunal Constitucional ha elaborado una consolidada doctrina sobre el veto presupuestario que, de una vez por todas, delimita el ámbito material, temporal y formal del artículo 134.6 de la Carta Magna.

Así, el máximo intérprete del texto constitucional somete esta facultad gubernamental a unos rigurosos requisitos, obligando al Ejecutivo a motivar la incidencia efectiva de la enmienda o proposición objeto del veto en el presupuesto en vigor, con indicación y cuantificación de las concretas partidas afectadas. A su vez, se potencia el control por la Mesa del veto, al proyectarse también sobre su vertiente material y permitir, por ende, que el órgano parlamentario entre a considerar la concurrencia del presupuesto normativo del artículo 134.6.

Esta nueva doctrina del Tribunal Constitucional trata de reducir la discrecionalidad del Gobierno en el ejercicio del veto, limitándola a la elección de oponerlo o no cuando se haya producido, en todo caso, esa afectación presupuestaria. Asimismo, se estrecha el margen de apreciación por el Ejecutivo de esta última circunstancia, la cual parece erigirse ahora en una especie de elemento objetivamente constatable y, por tanto, no susceptible de juicios valorativos.

De esta manera, se embrida fuertemente el veto gubernamental —casi hasta el extremo de convertirlo en una potestad reglada—, con el plausible propósito de impedir un abuso del mismo que acabe cercenando el *ius in officium* de los parlamentarios y, por extensión, la función legislativa. Ahora bien, el riesgo inherente a esta exégesis absolutamente restrictiva del veto viene constituido, con independencia de su posible ineficacia práctica, por la desnaturalización de esta institución. Sobre todo si se tiene en cuenta el amplio control conferido a la Mesa, hasta el punto de que se le permite enjuiciar —con un encaje algo forzado en sus funciones de calificación— la realización del supuesto fáctico del veto aducida por el Gobierno.

Probablemente, la construcción de dicha doctrina constitucional sobre el veto presupuestario redunde en una mayor seguridad jurídica —y, como consecuencia, en una menor conflictividad—, al clarificar el alcance de las respectivas atribuciones del Ejecutivo y de la Mesa en relación con esta figura. Sin embargo, lo que tampoco sería deseable es que, de una situación de preeminencia gubernamental en la aplicación del veto, se termine pasando a otra en la que ese desequilibrio se produzca ahora a favor del Legislativo. En este sentido, el problema principal radica en que, con esta conformación jurisprudencial del veto, la Mesa pueda acabar sustituyendo al Ejecutivo, *de facto*, en el ejercicio de esta facultad, por más que se empeñe sistemáticamente en negarlo el Tribunal Constitucional.

En aras de evitar que se materialice este indeseado escenario, quizás no debiera irse más allá de un control parlamentario de la arbitrariedad gubernamental en la aplicación del veto. De modo que cuando el Ejecutivo haya acreditado suficientemente el ingreso o gasto del presupuesto corriente afectado por la iniciativa legislativa, la

Mesa no pueda rechazar este criterio sobre la base de meras discrepancias con el mismo —es decir, porque simplemente tenga un parecer distinto al del Gobierno respecto a la existencia de tal incidencia presupuestaria—. Sin embargo, no creemos que esta hipotética amenaza vaya a propiciar a corto plazo una modificación de la reciente doctrina del Tribunal Constitucional relativa al veto presupuestario, intuyéndosele una larga continuidad en el tiempo.

En el fondo, en este posicionamiento del Tribunal Constitucional sobre el artículo 134.6 de la Carta Magna subyace una concepción tradicional del presupuesto, enclavada en un parlamentarismo clásico que mantiene en manos del Legislativo su control último. Pese al ejercicio compartido de la potestad presupuestaria que en teoría parece pergeñar el ordenamiento jurídico, en los pronunciamientos sobre el veto vuelve a deslizarse nuevamente esa prevalencia que, en la práctica, siempre ha tratado de otorgarse al Parlamento en materia presupuestaria. Ello evidencia, en última instancia, una sempiterna desconfianza en el Gobierno en este campo, la cual se infiere incluso del propio diseño constitucional del presupuesto, donde la supervisión del poder Legislativo constituye una constante.

De otro lado, esta nueva doctrina constitucional plantea la incógnita de si el acotamiento del veto al ejercicio en curso, que claramente establece aquélla, podría poner en tela de juicio su aplicabilidad en relación con las enmiendas al proyecto de presupuestos. Dado que éste último no ha sido aprobado todavía por las Cortes Generales, esa circunscripción del veto al presupuesto en vigor dejaría abierta la puerta a su posible inoperatividad en el procedimiento legislativo presupuestario.

Obviamente, esta lectura sería susceptible de conducir a una suerte de inconstitucionalidad tácita de las previsiones reglamentarias que admiten, de modo explícito, la disconformidad gubernamental frente a las enmiendas al proyecto de presupuestos que impliquen aumento de créditos o minoración de ingresos. Sin embargo, ni el Tribunal Constitucional se ha pronunciado a este respecto —porque en ningún momento se suscita esta cuestión—, ni tampoco parece que esa sea la intención del máximo intérprete constitucional.

En cambio, el Tribunal sí ha dejado claro, de acuerdo con esta rigurosa visión de la anualidad presupuestaria, que los objetivos de estabilidad no pueden justificar la extensión del veto a ejercicios futuros. Con ello tal vez se pretenda sortear que esta facultad gubernamental se acabe convirtiendo en una especie de patente de corso, oponible a cualquier enmienda o proposición que hipotéticamente impidiese la consecución de tales objetivos.

Es verdad que, de admitirse la estabilidad presupuestaria como base jurídica para la ampliación del alcance temporal del veto, resultaría mucho más difícil controlar la efectiva realización de su supuesto de hecho, puesto que éste se terminaría reconduciendo a una supuesta incidencia de la medida, no ya en el presupuesto, sino en tales objetivos. Lo que, a la postre, podría restringir desproporcionadamente la iniciativa legislativa de las Cámaras y poner en peligro el *ius in officium* de los parlamentarios.

No obstante, este planteamiento contrario a la integración en el veto de las exigencias derivadas del principio de estabilidad insiste en esa noción de presupuesto un tanto alejada, quizás, del contexto normativo en el que se inserta hoy en día. Más aún si se observa la mutación del ciclo presupuestario resultante de su constitucionalización, así como la innegable influencia que los objetivos de estabilidad presupuestaria tienen en la elaboración del propio presupuesto, cuya estricta anualidad aparece ahora difuminada en cierta medida.

En cualquier caso, nada de esto desmerece el loable esfuerzo efectuado por el Tribunal Constitucional para establecer el ámbito de aplicación del artículo 134.6 de la Carta Magna. Esperemos que ello contribuya a un empleo del veto acorde a la función que está llamado a desempeñar en el actual marco jurídico-presupuestario, llegándose a un punto de encuentro entre la salvaguardia de la acción política del Gobierno y el respeto de los derechos fundamentales de los miembros de las Cámaras.

BIBLIOGRAFÍA

Aragón Reyes, M.: "La organización institucional de las Comunidades Autónomas", *Revista Española de Derecho Constitucional*, nº 79, 2007, pp. 9-32.

Calvo Vérgez, J.: "A vueltas con la aplicación del art. 134.6 de la Constitución a la luz de la reciente Jurisprudencia del Tribunal Constitucional", *Quincena Fiscal*, nº 9, 2021, pp. 19-32.

Cazorla Prieto, L. M.: "Las Cortes Generales ante los proyectos de ley de Presupuestos Generales del Estado", *Revista de las Cortes Generales*, nº 3, 1984, pp. 51-86.

De Piniés Ruiz, F. J.: "Delimitación de la función de calificación de las Mesas de las Cámaras. Comentario a las Sentencias del Tribunal Constitucional 46/2018, de 26 de abril, y 47/2018, de 26 de abril", *Revista de las Cortes Generales*, nº 107, 2019, pp. 533-548.

Delgado Ramos, D.: "El veto presupuestario del Gobierno", *Revista de Estudios Políticos*, nº 183, 2019 pp. 67-99.

Escribano, F.: "La disciplina constitucional de los Presupuestos Generales del Estado y su aplicación en el ámbito de las Comunidades Autónomas", *Auditoría Pública: Revista de los Órganos Autónomos de Control Externo*, nº 45, 2008, pp. 49-88.

- "Los límites gubernamentales al ejercicio de la competencia legislativa por las Cortes: un supuesto de extralimitación del ejercicio de la competencia gubernamental", *Revista Española de Derecho Financiero*, nº 173, 2017, pp. 17-32.
- "Acerca del régimen jurídico constitucional de las proposiciones de ley que impliquen aumento de gasto o disminución de ingresos presupuestados (Un comentario a las SSTC 34/2018 y 44/2018)", *Revista Española de Derecho Financiero*, nº 180, 2018, pp. 159-200.
- *El principio constitucional de competencia presupuestaria (Acerca de la disciplina constitucional de los PGE en la JTC)*, Thomson Reuters Aranzadi, Navarra, 2022.

García Mengual, F.: "Una relectura de la facultad del «veto presupuestario» del gobierno a la luz de las Sentencias 34 y 44/2018 del Tribunal Constitucional", en AA.VV.: *Una vida dedicada al Parlamento. Estudios en homenaje a Lluís Aguiló i Lúcia*, Corts Valencianes, Valencia, 2019, pp. 201-214.

García Morillo, J.: "Mitos y realidades del parlamentarismo", *Revista del Centro de Estudios Constitucionales*, nº 9, 1991, pp. 115-144.

García Morillo, J. y Pérez Tremps, P.: "Legislativo vs. Ejecutivo autonómicos: el problema del control del «veto presupuestario»", *Parlamento y Constitución. Anuario*, nº 2, 1998, pp. 9-44.

García Roca, J.: "La difícil noción de cargo público representativo y su función delimitadora de uno de los derechos fundamentales del artículo 23.2 de la Constitución", *Revista de las Cortes Generales*, nº 34, 1995, pp. 51-125.

Gómez Corona, E.: "Las potestades financieras de las Cortes Generales: del uso al abuso del veto presupuestario sobre las enmiendas con repercusiones financieras", *Revista General de Derecho Constitucional*, nº 28, 2018 (versión electrónica).

– "La *desparlamentarización* del sistema político español. De parlamentarismo excesivamente racionalizado a un parlamento diluido", *Revista de Derecho Político*, nº 111, 2021, pp. 109-136.

Informe de la Secretaría General del Congreso de los Diputados sobre el ejercicio de la facultad del Gobierno prevista en los artículos 134.6 de la Constitución y 126 del Reglamento del Congreso de los Diputados después de la reciente jurisprudencia constitucional, *Revista de las Cortes Generales*, nº 106, 2019, pp. 529-547.

Jiménez Díaz, A.: "El derecho de enmienda y el veto del Gobierno en el nuevo marco de elaboración de los Presupuestos Generales del Estado", *Revista de las Cortes Generales*, nº 104, 2018, pp. 455-484.

López Hernández, F. J.: "Los Presupuestos Generales y los límites a la función legislativa en España", *Parlamento y Constitución. Anuario*, nº 23, 2022, pp. 95-152.

Marrero-García Rojo, A.: "El control del ejercicio por el Gobierno de la facultad de veto presupuestario (Comentario a la STC 223/2006, con consideración de la STC 242/2006)", *Revista Española de Derecho Constitucional*, nº 80, 2007, pp. 309-359.

Martí Sánchez, S.: "Sobre la compleja aplicación práctica del artículo 134.6 de la Constitución. Comentario a las Sentencias del Tribunal Constitucional 139/2018, de 17 de diciembre y 17/2019, de 11 de febrero, en los recursos de amparo núm. 729-2018 y 1104-2018", *Revista de las Cortes Generales*, nº 106, 2019, pp. 559-569.

Martínez Lago, M. A.: "Las limitaciones de las Cortes Generales en la iniciativa y aprobación de los Presupuestos", *Revista de las Cortes Generales*, nº 21, 1990, pp. 85-123.

- *Manual de Derecho Presupuestario*, Colex, Madrid, 1992.
- "Las restricciones de los Debates Parlamentarios sobre Presupuestos. Nueva aproximación al tema tras las Sentencias del Tribunal Constitucional 223 y 242/2006, de 6 y 24 de julio", *Asamblea: Revista parlamentaria de la Asamblea de Madrid*, nº 15, 2006, pp. 3-21.
- "Notas sobre el veto presupuestario en las relaciones Gobierno-Parlamento", *El Cronista del Estado Social y Democrático de Derecho*, nº 21, 2011, pp. 52-63.
- "Los presupuestos para 2016 aprobados en el tiempo de descuento de la X Legislatura ¿Un fraude a la Constitución?", *Revista Española de Derecho Financiero*, nº 168, 2015, pp. 15-51.
- "Objetivos de déficit y deuda pública: ¿su control por el Tribunal Supremo?", *Revista Española de Derecho Europeo*, nº 60, 2016, pp. 133-168.

Pérez Jiménez, P. J.: "Las limitaciones a la iniciativa legislativa financiera en la Constitución española", *Revista de Derecho Político*, nº 9, 1981, pp. 111-159.

Recoder de Casso, E.: "El debate parlamentario de los Presupuestos Generales del Estado", *Revista de Derecho Político*, nº 4, 1979, pp. 107-123.

Redondo García, A. M.: "El derecho de enmienda como instrumento de integración del pluralismo político en la fase central de los procedimientos legislativos de las Cortes Generales", *Revista de Derecho Político*, 50, 2001, p. 189-218.

Ridao Martín, J.: "El «veto» o limitación de los derechos de participación de los parlamentarios en el procedimiento legislativo presupuestario. Una propuesta de revisión", *Corts: Anuari de Dret Parlamentari*, nº 32, 2019, pp. 151-186.

Rodríguez Bereijo, A.: "Jurisprudencia constitucional y Derecho Presupuestario. Cuestiones resueltas y temas pendientes", *Revista Española de Derecho Constitucional*, nº 15, 1995, pp. 9-64.